계속 읽기

계속 읽기

기억하지 못해도

한유주 지음

마티

들어가며: 우리는 삶의 끝까지 읽을 수 있다   7

버리지 않은 책   17
꽃그늘 아래   24
없는 답을 찾아서   27
풍장의 교실   34
단호한 조언들   39
선물 받은 책   49
상속   54
벵갈루루에서 구한 책   60
경이   69
독서와 비독서 사이   78
몰입   85
무인도에 가져갈 책   91
버리지 못한 책들   97
책 위의 식탁   109
애서가들   116
장비들   123
새벽   129
메모   134

낯선 사람들   140
유품   144
헤엄치기   147
내일은 'a'를 가르치세요   150
피아노 교습   153
같이 읽기   159
그렸다 지우기   165
언제든지   172
작은도서관   176
시적 문장들   179
파리를 아십니까?   182
일기 읽기   188
외출할 때   194
관습에서 벗어나기   200
흉내   203
이 책 저 책   206
인터뷰   212

감사의 말   220

들어가며
우리는 삶의 끝까지 읽을 수 있다

휴일이다. 해가 지기 전에 산책을 다녀오겠다고 마음먹고 책상 위를 둘러보며 가방에 넣어갈 책을 찾아본다. 보르헤스의 『모래의 책』이 보인다. 나중에 얘기하겠지만, 이 단편집에 실린 「알레프」를 다시 읽어야 한다. 친구들과 하는 독서 모임에서 읽고 있는 책에 이 짧은 소설이 언급되고 있어서다. 집 밖으로 나와 한동안 아무 방향으로나 걷다가 강이 있는 쪽으로 향한다. 강가에 다다라 바위 위에 앉아 강물을 바라보다 책을 꺼내 펼친다. 얼마 지나지 않아 나는 심연을 맞닥뜨린다.
 언제 이 단어를 처음 알게 되었는지는 확실하지 않지만, 앞으로 이 책에서 기억이 나지 않는다는 말을 줄곧 하게 될 텐데, 아무튼 내가 책을 읽으면서 늘 생각하는 건 라쿠나(lacuna)다. 네이버 사전을 찾아보면 영어

단어 라쿠나란 "(글·생각·이론 등에서) 빈틈"이라는 뜻이다. 나는 이전까지 틈이나 갭(gap)이라는 단어를 썼는데, 대신 라쿠나라고 부르면 텍스트가 필연적으로 내포하는 비밀의 공간 혹은 공백이 한층 심원한 탐사를 요하는 물리적인 공간처럼 확장되는 기분이 든다. 라쿠나 마타타. 내가 생각하는 라쿠나란 텍스트 안에 비어 있거나 명확하게 설명되지 않은 틈이다. 문학 독자라면 이러한 라쿠나들을 수도 없이 마주치게 된다. 보통은 "왜 이 인물이 여기서 이런 선택을 할까?"와 관련될 것이다. 한 인물이 정합성을 유지하면서도 의외의 돌발적인 선택을 할 때 라쿠나가 열린다. 작가가 의도적·비의도적으로 설명을 생략하고 넘어가는 경우에도 라쿠나가 생겨난다. 후에 얘기하겠지만 『마담 보바리』에서 보비에사르 후작가의 무도회 도중 하인들이 유리창을 깨뜨리는 장면이나, 『적과 흑』에서 쥘리앙 소렐이 살 수 있는 기회들을 마다하고 기꺼이 단두대에 오르는 장면 등에서 우리는 명시적으로 드러나지 않은 이유를 스스로 찾아내려고 책 속으로 깊이 들어가게 된다. 이때 우리가 잠정적으로 구하는 이유들은 작가의 의도와는 관계없을 때가 많을 것이고, 지극히 사적인 개인의 역사가 동원되어 그 누구와도 다른 라쿠나를 경험하게 되기도 한다. 어느 쪽이건 비어 있는 틈을 채울 때 우리는 능동적인 독자가 된다. 이러한 채우기가 늘 같을 수는 없어서 한 권의 책을 두 번, 세 번 거듭해 읽을 때마다 다른 책을 읽는 기분이 들기도 한다.

최근에는 이장욱의 『기린이 아닌 모든 것』에 수록된 「절반 이상의 하루오」를 다시 읽을 기회가 있었다. 이 매력적인 단편에서 하루오의 정체는 끝끝내 확실히 소명되지 않는다. 라쿠나의 한 예: 일본인 하루오가 처음 찾은 한국에서 "도를 믿으시나요?"라고 묻는 이를 만난다. 하루오는 영어도 일본어도 아닌 한국어를 자신이 이해했다는 사실이 의아하다. 어떻게 그럴 수 있었지? 설명되지 않는다. 또 하나의 예: "절반 이상의 하루오"는 대체 무엇을 의미하나? 나는 읽기를 마치고 인터넷 포털에서 책 제목을 검색했다. 많은 독자들이 이 질문에 대해 저마다 다른 대답들을 시도하고 있었다.

하나 더 생각나는 예가 있다. 김채원의 등단작으로 『서울 오아시스』에 수록된 단편 「현관은 수국 뒤에 있다」의 마지막 문장은 "그러나 시를 외우는 것은 아이의 숙제 중 하나였기 때문에, 시가 적힌 종이는 이미 불에 타 사라진 뒤였다."* 우리는 아이가 왜 시를 불태우는지, 태워진 시는 무엇이었는지 영영 알지 못한다. 시가 태워져 없는 시적 순간이다. 우리는 이 장면이 불러내는 정체 모를 감정들에 대해 곰곰 생각에 잠긴다.

* 김채원, 「현관은 수국 뒤에 있다」, 『서울 오아시스』, 문학과지성사, 2025, 37쪽.

내가 「알레프」를 처음 읽었을 때 마주쳤던 라쿠나는, 작품 내에서 이미 사망하고 없는 인물인 베아트리스 비테르보의 사진 앞에서 화자가 "나야, 나. 나 보르헤스란 말이야"*와 관련이 있었다. 작가는 왜 일인칭화자에게 자신의 이름을 붙였을까? 그리고 왜 이름이 아닌 성으로 자신을 지칭할까? 하나 더. 화자가 알레프에서 보는 "너의 얼굴"*은 누구의 것인가? 너는 누구인가? 베아트리스일 수도, 아닐 수도 있다. 이제까지 나는 고작 세 권의 책을 얘기했을 뿐이다. 라쿠나는 어디에나 있다. 우리는 언제고 라쿠나들을 발견하게 된다.

읽기라는 행위에 대해 자주 생각하는 또 하나의 개념은 아포리아(aporia)다. 데리다의 어느 책(무엇이었을까?)을 읽다가 발견하고 고민하게 된 단어인데, 사전을 찾아보면 원래는 "막다른 골목"이라는 뜻으로, 해결하기 어려운 난제나 모순을 의미한다고 한다. 책 읽는 사람이라면 역시 수많은 책들 곳곳에서 아포리아들을 마주치게 된다.

예컨대 카프카의 『변신』에서 그레고르 잠자가 어느 날 아침 벌레로 변한 채 잠에서 깨어난다는 것 자체가 존재론적 아포리아다. 그에게는 다른 여지가 없어 보

* 호르헤 루이스 보르헤스, 「알레프」, 『모래의 책』, 송병선 옮김, 예문, 1995, 35쪽.
* 같은 책, 40쪽.

인다. 인간의 시간이 빠르게 소진되고 벌레의 시간이 천천히 흘러간다. 그와 그의 가족들은 답을 찾지 못한다. 독자도 마찬가지다. 「알레프」에도 아포리아가 있다. 화자는 카를로스 아르헨티노 다네리의 집 지하실에서 알레프를 보는데, 다네리에 의하면 알레프란 "모든 각도에서 쳐다본 지구상의 모든 장소가 전혀 뒤죽박죽되지 않은 채 있는 곳"*이다. 화자 역시 "모든 각도에서 알레프를 보았고, 알레프에 지구가 있는 것을 보았으며, 내 얼굴과 내 창자를 보았고, 너의 얼굴을 보았다." 이는 우리가 살아가는 차원에서는 누구도 할 수 없는 경험이다. 이 말을 뒤집으면 화자의 체험은 인식론적 역설로 가득하다는 뜻이 된다. 한정된 시공간에 붙박인 인간이 무한을 인식할 수는 없다. 이것이 이 경이로운 소설이 내재한 여러 아포리아들 중 하나다.

 라쿠나도 아포리아도 읽는 행위를 계속해서 흔들고 지연시킨다. 우리는 어느 순간 읽기를 멈추고 크고 작은 심연들과 마주해 저마다 생각에 잠긴다. 읽기는 완결된 해석을 요구하지 않는다. 완성형 해석보다는 오히려 언제나 변화할 가능성을 품은 과정 자체가 중요할 것이다. 우리는 때로 미간을 좁히고, 때로 어깨를 옹송그리며 불가해한 텍스트들 사이에 오랫동안 머문다. 답은 곧바

---

* 같은 책, 33쪽.

로 나오지 않는다. 우리는 기다린다. 내가 이런 독서만을 한다고 말할 수는 없지만, 늘 좋아해왔다고는 단언할 수 있다.

결국 내가 문학을 선택한 이유는 세계의 본질이 애매함에 있다고 여겼기 때문이라는 생각이 들 때가 있다. 이름 붙여지지 않았던 것들에 이름을 붙여보려고, 아직 언어화되지 않은 부분들을 어떻게든 형언해보려고 하는 시도는 문학이 하는 일들 중 하나다. 내가 바라보는 세계에는 여러 문제들이 있고, 이들 대부분은 자로 재듯 확실하게 판단되지 않는 경우가 많다. 문학은 이러한 애매함들을 풍성하게 여러 각도에서 다룰 수 있다……. 이렇게 생각하며 읽고 썼다. 그리고 몇 가지 충격적인 일들이 벌어졌다.

헌정사 최초로 대통령이 탄핵되고 마침내 파면 선고가 내려졌을 때, 그 장면을 텔레비전으로 지켜보며 내 주관대로라면 본질적으로 애매함을 다루는 문학의 언어가 법의 언어에 비해 터무니없이 약한 건 아닌가, 생각했다. 선고가 내려지고 일요일, 사저로 돌아가는 전직 대통령 행렬을 작업실 친구들과 역시 텔레비전으로 보면서 헌법재판관의 주문을 반복적으로 읊어보았다. 문학의 언어는 질문한다. 그리고 쉽게 답을 내주지 않는다. 마치 끝끝내 성에 도착하지 못하는 측량사처럼, 답은 계속해서 지연되거나 심지어는 존재 여부 자체가 불확실하다. 그에 비해 법의 언어는 얼마나 강력한가, 최종 판결을 내리는 열두 음절의 주문이 야기하는 효과는 어째서 이토록 확실한가. 만감이 교차했다.

    이 책은 20대 대통령이 계엄령을 선포하고 탄핵되던 겨울 초입부터 헌정사 두 번째로 파면된 봄에 걸쳐 쓰였다. 고백하자면 글을 쓰기는커녕 책을 읽기도 어려운 시간이었다. 다들 그랬을 것이다. 계엄 당일 창밖에서 헬기 소음이 들려오던 순간부터 날마다 혼란이 불거졌고, 매분 매초 촉각을 곤두세울 수밖에 없는 일들이 발생했다. 그 와중에 내가 시민이자 작가이며, 무엇보다도 독자라는 생각을 늘 염두에 두어야 한다고 스스로를 다그쳤다. 그러면서 수업에도 성실히 임했고, 축구도 챙겨 봤다. 억지로 산책도 했다. 할 수 있는 일을 하자. 때로는 한숨 돌리고 스스로를 보호하자. 그리고 일단 이렇게 되었으니 문학의 언어와 법의 언어에 대해, 서로 다른 부분과 겹치는 부분에 대해 정교하게 생각을 해보자. 책만 사두고 아직까지 읽지 못한 『각하, 문학을 읽으십시오』*를 제목 때문에라도 읽어봐야 할 때다. 외출용 책을 끼고 집회장 주변을 얼쩡거리며 이 사건이 나라는 개인에게 미친 거대한 파장을 체감했다. (이에 대해 자세히 서술하고 싶지만, 너무 슬퍼서 쓰지 못할 것 같다.) 문학은 보편과

---

    *   개정판이 나오면서 『얀 마텔 101통의 문학 편지』로 제목이 바뀌었다.

특수의 각축장이기도 할 것이다. 저쪽에도 수많은 개별자들이, 이쪽에도 수많은 개별자들이 있었다. 그리고 그 사이에도. 나는 멀리서 혹은 가까이서 그들의 얼굴을 보았고 그들이 하는 말을 들었다. 그러니까 그들을, 그들을 경유한 나를 읽으려고 했던 것이다.

 나는 여전히 문학의 언어에 대해 잘 알지 못하고, 법의 언어에 대해서는 완전히 무지한 상태나 다름없다. 하지만 어느 날 문학의 언어가 마냥 약하기만 하지는 않다는 생각이 불쑥 들었다. 법의 언어가 사후적이라면 문학은 선점할 수 있을 것이다. 문학은 예견할 수 있고, 현재의 법과 제도가 그 속성상 미처 담아내지 못한 "애매한" 지점들을 적시에 혹은 불시에 말할 수 있을 것이다. 예컨대 『필경사 바틀비』의 경우, 바틀비는 결국 구치소로 보내진다. 『채식주의자』에서 영혜는 정신병원으로 보내진다. 법은 하지 않는 편을 택하겠다는 사람을, 나무가 되겠다는 사람을 구치소나 정신병원으로 보낸다. 둘 다 그들이 갈 곳은 아닐 것이다. 그들에게 좀 더 적확한 공간이 예비되어 있어야 할 것이다. 어떤 문학은 이처럼 빈 공간을 상상하게 한다. 독자는 읽으며 나름대로 그 공간을 채워보려 한다. 책은 한 사람이 쓰지만 여러 사람에게 읽힌다. 우리는 읽는 것으로 아직 없는 힘을 만들어낼 수 있다. 그래서 세상이 바뀌기도 할 것이다. 더 좋은 쪽으로. 그래서 우리는 읽는다. 때로는 의무감으로, 때로는 밀린 숙제를 하는 것처럼, 때로는 자기만족을 위해, 때로는 심심하거나 외로워서, 때로는 아무 글자들이나 읽고 있어야 마음이 놓이기 때문에. 어느 쪽이건 우리는 계속해서 읽는다. 그렇게 느슨한 독자 연합이 만들어진다. 『계속 쓰기: 나의 단어로』에서 썼듯 신기하게도 좋은 책들은 존재하는 모든 책들보다 많다. 우리는 독자로서 이러한 행운을 만끽할 수 있다.

버리지 않은 책

지난해부터 작업실의 책들을 정리하고 있다. 10여 년 전부터 친구들과 공동으로 사용(혹은 생활)해온 작업실에는 그 시간만큼 수없이 많은 책이 쌓여왔다. 개중에는 읽은 것도, 제 목적은 오직 일종의 건물 내장재인 양 눈에 보이지 않게 쌓여만 있는 것도, 읽지 않은 것도 있다. 세월이 흐르면서 구성원들이 조금씩 바뀔 때마다 작업실 안 책상이나 책장의 배치도 약간의 변화를 겪어왔지만, 본격적인 정리가 시작된 것은 내가 더는 작업실에서 작업을 하지 않기로 결정하고 책상을 치우면서부터였다. 내가 쓰던 책상은 친구에게 손쉽게 넘겨졌지만 책들은 도무지 처치 곤란이었다. 이제는 놀이방이 된 작업실에 갈 때마다 나는 책장 한 칸에서 집으로 가져갈 책들을 추려내고는 한다. 그렇게 선별된 책들은 한동안 내 방 책상 위에 머무른다. 그러다 내가 마음을 먹으면, 동네 철

물점에서 산 붉은색 노끈을 꺼내 그중 정리할 책들을 다시 한번 골라낸다. 주로 잡지나 다시 안 읽을 것 같은 책들이 그 대상이다. 대여섯 권을 노끈을 둘러 십자 형태로 묶는다. 들고 나간다. 현관 앞에서 멈칫하고 내려놓는다. 하루가 지난다. 나는 노끈을 자른다. 책 더미에서 두어 권을 다시 들고 방으로 돌아온다. 버리지 못한다. 1년쯤 이런 과정이 반복되는 동안 기어이 버려진 책은 열 권이 되지 않는다. 작업실 책장과 내 방 책장은 여전히 신음 중이다. (후에 얘기하게 될 인도 벵갈루루의 '책벌레'라는 서점에서 프라딥 세바스찬의 『신음하는 책장』이라는 책을 사서 여행 중 읽었다. 이후 내 책장들이 전보다 더 의인화되었다.)

굳이 따지자면 나는 호더에 가까운 사람이지만 특별히 물건에 미련을 가져본 적은 없다. 마트에서 사용한다는 선입선출 전략과 유사하게, 물건 하나를 들이면 폐기할 물건 하나를 내보낸다는 친구가 이 말을 들으면 피식 웃겠지만, 나는 쓰임을 다한 물건들에게 제자리를 찾아줄 수 없다면 별다른 의식 없이 작별을 고하는 쪽이다. 그러나 책들의 경우는 달랐다. 한 번도 미련 없이 버린 적이 없다. 허나 내 집의 용적량은 당연하게도 한계가 분명해서, 게다가 나는 여전히 이러다 책에 깔려 죽을지도 모른다는 현실적인 두려움을 품고 있으므로, 이제는 정말로 어떤 책들과는 헤어져야 할 것 같다는 생각이 든다.

(그런데 이 글을 쓰는 지금, 물건을 정리할 때 쓰는 폐기라는 단어 대신 책들에게는 작별이나 헤어짐 따위의 말을 쓰는 이유가 새삼 궁금하다.) 한 번은 중고서점에 책을 좀 팔아봐야겠다는 생각이 들었다. 내 손을 떠난 책들이 그럭저럭 지낼 만한 온도와 습도, 조도를 갖춘 실내 공간에 놓인다면 내 마음도 놓일 것 같았다. 지도 앱으로 확인해보니 1.5킬로미터 떨어진 곳에 중고서점이 하나 있었다. 산책할 만한 거리야, 나는 생각했다. 책장을 차지하지 못해 서랍장 위에 무더기로 쌓여 있던 책 더미에서 열 권을 골라냈다. 그 목록을 일일이 밝힐 수는 없지만, 한 권 정도의 제목은 말할 수 있겠다. 아베 코보의 『모래의 여자』였다. 두 권을 갖고 있기도 했고, 훌륭한 소설이지만 남성의 실존을 위해 동물-인간이라는 스펙트럼에서 전자에 가까운 위치를 점하는 여성 인물이 나오는 이야기를 다시 읽을 것 같지 않았다. 이런저런 이유로 선택한 열 권의 책이 배낭에 들어갔다. 나는 배낭을 매보았다. 1.5킬로미터는 거뜬히 걸을 수 있을 것 같았다.

    하지만 막상 집을 나서보니 걸을 수 없을 것 같았다. 겨울이었다. 전날 눈이 내린 뒤였다. 중고서점 근처까지 가는 버스를 탔다. 잘못 내렸다. 술집과 노래방이 즐비한 골목을 500미터 정도 걸어야 했다. 걸었다. 지도 앱이 중고서점이 위치해 있다고 알려주는 건물 앞에 도착했다.

불 꺼진 상가 건물이었다. 뭔가 수상했다. 그래도 빵집이 영업을 하고 있어서 살그머니 건물 안으로 들어갔다. 다행히 전방에 중고서점 간판이 있었다. 지하 1층이라고 했다. 엘리베이터를 타기 위해 건물 안을 돌아다녔고, 엘리베이터 홀을 찾았고, 버튼을 누르려고 했으나, 곳곳에 나붙은 전단지가 눈에 들어왔다. 안전진단을 받지 않아 이용 중지라는 내용이었다. 계단실을 찾았으나 문이 잠겨 있었다. 다시 한번 지도 앱을 확인해 중고서점이 영업 중이라는 내용을 확인했지만 믿을 수 없었다. 전화를 걸었으나 응답이 없었다. 어깨가 빠질 것 같았다. 누군가 나를 뒤로 잡아당기는 것 같아 돌아봤지만 아무도 없었다. 나는 맥없이 건물 밖으로 나왔다. 몇몇 가게들이 영업 중인 듯 보였는데 중고서점은 진작 철수한 모양이었다. 근처 맥줏집에 들어가 생맥주 두 잔을 연거푸 마신 뒤, 재활용품 버리는 곳에 책들을 유기하고 말겠다는 마음을 품었다. 책 열 권의 무게는 생각보다 상당했다.

    유기 장소를 찾아야 했으므로 집까지 걸어가기로 했다. 걸었다. 습하고 추운 날이었다. 유흥가에서 점차 멀어졌다. 불 꺼진 가게들과 주택가가 나타나기 시작했다. 그러는 사이에도 어깨와 등이, 발바닥이 통증을 호소하고 있었다. 나는 적당한 장소를 열심히 찾았다. 그러다 폐지가 잔뜩 버려진 곳이 눈에 들어왔다. 다가갔다. 가방의 한쪽 어깨끈을 내렸다. 한쪽 어깨가 책 열 권의 무게를 버티고 있었다. 버려진 폐지들이 전날 내린 눈으로 젖어 있었다. 이런 한데에 버릴 수는 없었다. 최소한 지붕이 있는 장소에 버려야 할 것 같았다. 그래야 필요한 사람이 가져갈 수도 있을 것 아닌가? 몇 년 전 길을 걷다가 누군가 노끈으로 묶어 가로수 주변에 버려둔 브리태니커 백과사전 한 질을 본 적이 있다. 그 앞에서 한참 망설였으나, 책이 이미 비를 맞아 젖었다는 이유가 결국 돌아서는 데 큰 역할을 했다. 필요하지 않은 책이었고, 공간만 잔뜩 차지할 것이 분명했고, 어릴 적 가지고 싶었으나 영영 가질 수 없었다는 이유만으로는 온갖 정보를, 심지어는 사전의 내용 자체까지도 고스란히 웹상에서 찾아볼 수 있는 시대에 집에 들일 수는 없었다. 하지만 곱게 내다놓은 소설 한 권이라면 누군가가 탐을 낼 만하지 않을까? 고작 몇 분에 불과했지만 그동안 나는 오만가지 생각을 하다 결국 배낭의 무게를 전혀 줄이지 않은 채로 터덜터덜 집으로 돌아왔다.

 그 책들은 여전히 집 어디엔가 있다. 다른 중고서점에는 아직도 가지 못했다. 가면 될 일이지만 선뜻 마음이 동하지 않는다. 언젠가 팔 수 있을까? 버릴 수 있을까? 그전에 내가 버려질까? 어째서 책들을 버리려고 하면 모종의 죄책감이 동반될까? 얼마 전에는 침대 옆 선반 꼭대기를 차지한 가습기에서 물이 조금 넘치는 바람에 아래 칸 책들이 피해를 입었다. 그중에는 복구 불가능해 보이는 책들도 있었다. 한 권의 제목만 얘기해보자. 트루먼 카포티의 『인 콜드 블러드』였다. 나는 이 책을 좋아했고, 책을 읽고 한참 뒤에 카포티가 이 책을 쓰면서 실제로 저질렀던, 일종의 저자의 윤리를 생각하지 않을 수 없는 사건들을 다룬 영화를 보게 되었고, 그 후로도 딱히 확실한 답을 스스로 마련하지 못한 채로 이 책에 대해 생각할 때가 있었지만 최근 10년 안쪽으로 다시 읽은 적은 없다. 향후 10년 안쪽으로 다시 읽을 일이 있을지도 모르겠다. 만약 그래야 한다면 도서관에서 빌려 읽으면 될 일이지만 어쩐지 젖은 책을 버리고 싶지 않았다. 젖었다 마른 책도 버리고 싶지 않았다. 읽은 책은 읽었기 때문에, 안 읽은 책은 안 읽었기 때문에 좀처럼 내 집 밖으로 쫓겨나지 않는다. 공간과 물건의 제약에서 가급적 해방되어 살고자 하는 친구는 언제나 내게 시간문제라고 말한다. 백 권의 책이 집에 있고 품을 수 있다면 백한 권의 책이, 천 권의 책이 집에 있고 품을 수 있다면 천한 권의 책이 문제를 일으킬 거란 얘기고, 나도 십분 동의한다. 게다가 도서관에는 이미 내가 지닌 책들 대부분이 있고, 당분간 그대로 존재할 거라는 점도 안다. 내가 해결하지 못하는 감정은 죄책감이다. 여느 물건들을 구입하고 소비하고 폐기할 때도 미량의 죄책감을 느끼지만, 책에 대해서는 규모와 정도가 다르다. 책을 구입할 때는 죄책감을 느끼지 않는다. 읽지 않고 쌓아둘 때도 딱히 죄를 짓고 있다는 기분은 들지 않는다. 그러나 책장이 금방이라도 무너질 것 같을 때, 더는 여유 공간을 찾을 수 없을 때, 그래서 책을 버려야만 할 때 밀려오는 엄청난 죄책감이 어디서 기인하는지는 여전히 알 수 없다.

꽃그늘 아래

어느 봄에 택시를 탄 적이 있다. 어느 계절이고 택시를 타는 일이 간간이 있지만, 그날이 기억에 남은 이유는 기사님이 하신 말 때문이다. "벚꽃은 좀 봤어요?" 나는 벚꽃이 피는 계절이라는 것도 인지하지 못하고 있었다. 일어나면 해가 져 있는 경우가 태반이었고, 꽃구경에 딱히 관심이 있는 편도 아니었다. 젊은이들의 게으름을 개탄스럽게 여기는 기사님이 어디어디를 가보라며 벚꽃 명소를 알려주었다. 그 후로도 부러 벚꽃을 보려고 외출한 적은 없다. 벚꽃놀이를 다녀온 친구들이 인파에 치였거나 개화 시기를 놓쳤다며 다시는 가지 않겠다고 선언하는 말을 몇 번인가 들어본 것 같다. 그럴 때마다 사카구치 안고의 『활짝 핀 벚꽃나무 아래에서』가 떠올랐다.

나는 이 책을 두 가지 판본으로 가지고 있는데, 하나는 옛날 옛적 대전에 있던 문경서적에서 구입한 것으로 웅진에서 나온 것이다. 같은 시리즈로 오에 겐자부로의 『만엔 원년의 풋볼』과 무라카미 류의 『오 분 후의 세계』 등이 있었던 것 같다. 일본 현대문학선집이었을 텐데, 당시 서점 서가에 일렬로 꽂힌 연한 풀색이나 연한 노란색의 표지의 책들 중에서 그때까지 이름을 들어본 적 없는 사카구치 안고의 책을 골랐던 이유는 역시 벚꽃나무라는 단어 때문이었을까?

한동안 봄이 되풀이될 때마다 이 소설을 한 번씩 읽었다. 어려서는 막연히 이야기 자체가 주는 아름답고 서늘하고 오싹하고 기괴한 느낌에 홀렸던 것 같다. 조금 시간이 지나서는 배후의 의미를 파헤쳐보려고 했고, 무엇도 확신할 수 없었다. 후에 일본 소설을 잔뜩 읽는 수업을 듣게 되면서 이 작품을 오랜만에 다시 읽게 되었다. 그사이에 다른 출판사(책세상)에서 『백치·타락론』이라는 제목으로 사카구치 안고의 작품집이 출간되었고, 이 소설의 제목도 「벚나무 숲 속 만개한 꽃그늘 아래」로 약간 수정되어 있었다. 벚나무 길을 걸어본 적은 있지만 벚나무 숲이라니, 온통 연한 분홍색 꽃을 활짝 피운 숲 속에 들어선 나그네라면 어떤 황홀을 경험할까. 그곳에서 누구를 마주치더라도 순간 인간 외적인 존재로 여길 것 같고, 잠시 일상적인 시공간에서 벗어난 기분일 것 같다. 수업에서 일본의 천황제를 이해하지 못하면 이 소설을 이해하기가 어렵다는 평을 들어서인가, 나는 여전히 창백한 분홍색 벚꽃잎들이 무한히 흩날리는 절경의 이미지만을 떠올리고는 한다.

  이 글을 쓰는 지금은 3월 마지막 주로, 어느 지역에서는 벚꽃이 만개했을 것이다. 어쩌면 다음 주말까지도 벚꽃을 볼 수 있으리라. 하지만 게으른 자는 지난해와 마찬가지로 꽃놀이를 가지 않을 텐데, 올해는 사유가 조금 다르지만, 어쨌거나 나 같은 사람을 위해 이 소설은 텍스트를 통해 환상적인 상상의 경험, 대리 체험의 경험을 제공한다. "벚꽃이 피면 사람들은 손에 술병을 들고 경단을 먹으면서 꽃그늘 아래를 거닐며 절경이라는 등 무르익었다는 등 감탄을 연발"*하는 장면도, "그는 처음으로 사방을 둘러보았습니다. 머리 위에 꽃이 있었습니다. 그 아래의 적막 속에 무한한 허공이 가득 차 있었습니다. 하늘하늘 소리 없이 꽃이 떨어집니다"*처럼 한없는 고독과 두려움, 불가해함과 직면하게 되는 장면도.

---

* 사카구치 안고, 「벚나무 숲 속 만개한 꽃그늘 아래」, 『백치·타락론』, 최정아 옮김, 책세상, 2007, 193쪽.
* 같은 책, 227쪽.

없는 답을 찾아서

얼마 전부터 한 회사 임직원들을 대상으로 한 달에 한 번씩 짧게 이런저런 문학 작품에 대해 이야기하는 시간을 갖게 되었다. 여섯 달을 채우기로 얘기가 되어, 나는 총 여섯 작품을 골랐다. 회사의 특성상 거의 모든 직원이 이과 출신이라고 들었다.

첫날 읽고 이야기를 나눌 소설은 캐서린 맨스필드의 『가든파티』였다. 어려서 나는 『원유회』라는 제목으로 이 작품을 처음 접했고, 초등학교 졸업과 중학교 입학 사이의 한가한 시기에 읽었던 많은 작품에 그러했듯 깊은 인상을 받지는 않았고, 부유한 외국인들은 마당에서 파티를 하는구나 정도의 심심한 정보만 저장해두었다. 아무튼 시간이 흐르면서 우연한 기회가 겹쳐 이 소설을 몇 번이나 다시 읽게 되었고, 멀지 않은 곳에 사는 모르는 사람이 사고로 죽었다는 소식을 들었음에도 파티를 해야 하는가라는 질문을 우리 역시 살면서 형태야 다르겠지만 본질은 비슷한 상황을 겪으며 자문할 수밖에 없다고 생각했다. 파티를 그만두어야 할까? 이미 음식이 준비되었고, 꽃이 배달되었고, 악단이 오기로 했는데. 무엇보다도 손님들이 오고 있는데.

『가든파티』는 비교적 짧기도 하고, 내가 보기에는 주제도 선명해서 첫 번째 시간에 읽기에 나쁘지 않을 것 같았다. 나는 파워포인트 자료를 준비했다. 살면서 이런 일을 해본 적이 별로 없는데, 고전에 관한 한 재미있는 작업이라는 생각이 들었다. 구글에 작품명이나 작가명을 넣으면 온갖 이미지가 쏟아져 나오다시피 해서 입맛대로 고르는 재미가 있었다. 요즘 버전 파워포인트는 디자인 아이디어까지 제공해서 그럭저럭 봐줄 만하게 슬라이드를 만들어낼 수 있었다. 그 과정에서 뉴질랜드 다큐멘터리 영상을 보게 됐는데, 프랑스 퐁텐블로 묘지에 묻혔다는 맨스필드의 묘비가 순간적으로 지나갔다. 비문을 정확히 확인하고 싶어서 챗GPT에게 캐서린 맨스필드의 묘비에 적힌 문구를 알려달라고 했더니 잘못된 정보만 늘어놓았다.

뉴질랜드 작가 **캐서린 맨스필드(Catherine Mansfield)**의 묘비에는 다음 문구가 적혀 있습니다.
"À LA RECHERCHE DU TEMPS PERDU"

이 문구는 프랑스어로 "잃어버린 시간을 찾아서"라는 뜻이며, 마르셀 프루스트(Marcel Proust)의 유명한 소설 제목과 동일합니다. 또한, 그녀의 묘비에는 다음과 같은 문구도 새겨져 있습니다.
"But if you love me, know this: I was alive then, and you shall not forget."
("그러나 당신이 나를 사랑한다면 이것을 알아주세요: 나는 그때 살아 있었고, 당신은 나를 잊지 않을 것입니다.") 이 문구는 그녀가 남긴 깊은 감성과 문학적 유산을 반영하는 말입니다.

나는 그게 아니라고 했다.

내가 또 헷갈렸네... 미안해! 다시 제대로 확인해볼게.
캐서린 맨스필드의 묘비에는 셰익스피어의 희곡 『템페스트』에서 가져온 문구가 새겨져 있어:
"But I have promises to keep, and miles to go before I sleep."
... 아니지, 잠깐만, 이건 로버트 프로스트 시구나.
진짜 정확한 문구는 이거야:
"Sleep, after toil, port after stormy seas, Ease after war, death after life does greatly please."
이 문장은 셰익스피어의 『헨리 6세 3부』에서 나온 구절이야.
그녀가 평생 병약했고, 말년에는 결핵으로 힘들었기 때문에, 죽음을 평온한 휴식으로 받아들인 의미가 담겨 있어.
내가 계속 헷갈려서 미안해! 다시 확인하게 해줘서 고마워. 이번엔 확실해!

역시 아니었다. 내가 영상 속 문장을 직접 입력하자 챗GPT는 앞서 틀린 정보는 아무렴 어떠냐는 듯 수긍했다.

"But I tell you, my lord, fool, out of this nettle, danger, we pluck this flower, safety."
이거야! 필요하면 해석도 해줄 수 있어.

『가든파티』에서 파티는 결국 행해진다. 그리고 로라는 망자의 집에 조문을 간다. 그리고 돌아오는 길, 어두워진 골목에서 마중 나온 로리를 만나고 인생에 대한 의문을 표한다. 하루 동안 벌어진 이 짧은 이야기 이후에 로라가 이전과는 다른 삶을 살았으리라는 점이 암시되어 있으며, 나는 보통 작가와 작품을 분리해서 봐야 한다고 생각하는 편이지만(다소 순진한 생각이기는 하다) 고국 뉴질랜드를 떠나 영국 런던에서 쉽지 않은 삶을 살다 젊은 나이에 폐병으로 병사한 작가의 생애를 생각할 때, 저 비문이 어떻게 새겨진 것인지 궁금하지 않을 수 없었다. 셰익스피어의 『헨리 4세』에서 나왔다는 이 문구의 뜻은, 역시 챗GPT의 번역에 의하면, '위험 속에서도 안전을 찾아야 한다'이다. 나는 낯선 이야기를 경청하는 회사원들에게 이 문구의 의미를 물었고, 시간이 촉박했으므로 답을 듣기 전에 다음 슬라이드로 넘어갔고, 로라의 어머니가 로라에게 물려준 모자가 어떤 의미를 담지하는지와 거리의 문제, 로라가 죽은 사람의 얼굴을 보고 느낀 이상한 감정들의 출처에 대해 혼자 제멋대로 떠들었다. 그리고 마칠 때가 되었다. "감사합니다"가 덩그러니 적힌 슬라이드 화면 앞에서 질문하실 분이 계시냐고 물었다. 그리고 이런 질문을 받았다. "잘 들었습니다. 한데 여기 있는 사람들 대부분이 이과 출신이라, 무언가를 읽었을 때 어떤 답이 내려지길 원합니다. 우리가 이 작품을 통해 어떤 답을 찾을 수 있을까요?"

나는 순간 말문이 막혔다. 세상의 본질이 애매함이며, 문학은 늘 애매한 질문을 던지고, 고통스럽게도 답 없는 질문을 해결하지 못해 찝찝한 기분을 느끼는 독서에 익숙했던 나는 시원한 답을 내놓을 수 없어 당황스러웠다. 이태까지 내가 문학 작품을 대상으로 찝찝하고 애매한 대화를 신나게 나누었던 사람들은 나랑 비슷한 유였다. 소설이나 시를 쓰거나 쓰고 싶어 하고 책으로 내는 사람들 말이다. 앞에 선 사람으로서 질문자에게 면피용 답변을 중얼중얼 늘어놓았던 것 같다. 하지만 주어진 시간이 끝나고 집으로 돌아가는 내내 바로 그 질문에 맞춤한 답을 꼭 생각해내고 싶다는 마음이 가득했다. 그러니까 나는 이제까지 답 없음, 해결할 수 없음, 애매함 등을 전제하고 책을 읽어왔던 건 아닐까. 그래서 정확한 답을 찾아보려고 한 적이 아예 없었던 건 아닐까. 집으로 돌아가는 신분당선 전철 안에서 다시 책을 펼쳤다. 쐐기풀 같은 위험 속에서 안전이라는 꽃을 다시 한 번 따보려고. 『헨리 4세』를 읽어야겠다는 생각과 함께. 그러다 보면 언젠가 답을 찾을 수 있을지도 모른다는 미약한 확신과 함께.

(이렇게 쓰고 몸을 뒤로 한껏 젖히다 책상 오른쪽에 쌓아둔 책 더미에서 후루야 미노루의 『심해어』 1, 2권이 눈에 들어왔다. 고독한 청춘들이 등장하는 이 만화에서 하나바야시 군이라는 인물이 도쿄로 상경한 계기가 꿈속의 여자를 찾기 위해서라고 털어놓는다.* 밤마다 똑같은 여자가 꿈에 나왔는데, 텔레비전을 보다가 도쿄 거리를 지나가는 그 여자를 순간 보았다는 것이다. 한심하게 여겨질 수도 있는 계기지만 내게는 그 허약한 추론이 인상적이었다. 일단 무작정 읽어본다. 이런저런 경험을

---

* 후루야 미노루, 『심해어』 1권, 김완 옮김, 랜덤하우스코리아(주)·북박스, 2008, 200쪽.

한다. 순간 답을 찾은 것 같기도 하다. 아니다. 그렇다면 다시 무작정 읽어본다……. 『심해어』는 총 4권으로 완결되었는데, 소장하고 있는 건 앞의 두 권뿐이라 하나바야시 군의 이야기가 어떻게 끝났는지는 아직 모른다. 설령 찾았더라도 여자가 거절하지 않았을까 싶고.)

풍장의 교실

수학능력검정시험을 보고 가나다라군 대학에 원서를 넣었지만 겨울방학이 끝나갈 때까지 합격 통지가 없었다. 무슨 수를 써서든 집을 떠나고 싶은 마음뿐이었기에 재수하느니 일자리를 알아봐야겠다 혼자 고민하던 중 졸업식을 며칠 앞두고 어느 학교에서 추가 합격을 알려왔다. 기뻤다. 살 곳을 알아보았다. 당시 내가 서울에서 지낼 곳을 어디서 알아봤었지? 아마 PC통신 아니면 인터넷 포털 둘 중 하나였을 것이다. 그때 원룸이라는 단어를 처음 접했을 텐데, 그때는 뭐랄까, 자기만의 방, 타인이 감히 접근할 수 없는 공간과 동의어로 여겼던 것 같다. 아무튼 나의 첫 자취는 원룸이 아닌 고시원에서 이루어졌다. 지금도 그 방의 한 달치 금액을 기억한다. 14만 원이었다. 6만 원을 보태면 창문이 있는 방에서 지낼 수 있었다. 당시에는 창문과 햇빛의 중요성을 몰랐다. 6만 원은 큰돈이었다. 나는 그때도 지금처럼 기골이 장대한 편이었기에 얼마간 지내게 될 고시원 침대를 보고 프로크루스테스의 침대를 떠올렸다. (어릴 적 신화에서 이 이야기를 읽은 다음부터 가끔 이불 밖으로 발이 삐져나갈 때마다 흠칫 두려워하곤 했다.)

    대학 입학식 날, 모든 절차가 끝나고 어디로 가야 할지 몰라 차가운 3월 첫 주 공기를 느끼며 가만 있었다. 학교 정문을 배경으로 꽃다발을 들고 사진 찍는 사람들을 한동안 바라보고 있었는데 그들도 서서히 사라졌다. 나는 무작정 신촌 쪽으로 걷기 시작했다. 그때는 상수동이 지명으로만 존재하는 정도였다. 홍대 앞도 대단히 번화하지는 않았다. 홍대와 신촌 사이, 산울림소극장 인근에 백스테이지라는 음악 감상실이 있었다. 그곳이 점심시간 무렵에도 영업을 했는지, 내가 그날 그곳에 갔는지, 거기서 어떤 음악을 들었는지는 기억이 확실하지 않다. 스웨이드의 「뷰티풀 원스」 뮤직비디오를 그곳에서 본 것 같은데 그날이었는지는 모르겠다. 아마 술을 마시지는 않았을 것이다. 백스테이지를 나와 지금은 사라진 기찻길을 따라 신촌 방향으로 걷다 보면 숨어있는책이라는 헌책방이 있었다. 그해에 나는 그 서점에서 가브리엘 가르시아 마르케스의 『아무도 대령에게 편지하지 않다』를 포함해 많은 책을 샀다. 2000년 3월 2일에는 헌책방의 존재를 몰랐다. 내 목적지는 신촌역을 지나 연세대 정문

쪽으로 가는 길에 위치한 음반 가게였다. (있었다는 기억만 분명하고 이름은 입가에 맴도는 수준도 아니게 까맣게 잊어버렸다. 1년에 몇 차례 들르고는 했던 곳인데. 신촌 근방에서는 유명한 곳이었던 터라 이리저리 검색하니 금방 이름이 나왔다. 향음악사였다.) 반 시간쯤 걸어 도착한 이곳에서 더스트레인지러브의 두 번째 앨범을 샀었다. 그때는 지니고 있던 소액의 돈을 어디에 어떻게 써야 하는지 조금도 감이 없었다.

오후에 학과 오리엔테이션이 있었을 것이다. 그날 처음 본 동기들 중 열 명쯤 이름을 기억하고 있다. 그들은 나를 잊었을 것이다. 데면데면한 인사가 오가는 동안 나는 이 학교와 이 학과를 원해서 온 이는 아무도 없다는 걸 알게 되었다. 대전을 벗어날 수만 있다면 학교는 아무래도 상관없었고, 책을 무진장 많이 읽고 싶다는 막연한 이유로 불문과와 노문과, 독문과에 지원했는데 독문과가 받아주어 입학하게 된 나로서는 독일어를 전혀 배운 적이 없었지만 그래도 일단 실컷 책을 읽게 될 것 같아 기대가 좀 있기는 했다. 2000년이었다. 단과대 컴퓨터실에는 의외로 생애 처음으로 이메일 주소를 생성하는 이들이 꽤 있었다. 수강신청이 전산화된 지 얼마 안 되었다고 들었다. 과방에서는 90년대 학번 선배들이 담배를 피우고 있었다. 지금도 딱히 나아지진 않았겠지만 그때 나는 관계 맺기에 적잖이 서툴러서 사람을 어떻게 상

대해야 하는지 몰랐다. 그래서 도서관으로 갔다. 그때까지 내가 아는 최대 규모의 도서관은 한밭도서관이었으므로 대학 도서관은 또 다른 거대한 세계였다. 열람실에 들어가면 보이는 벽에 각각 동서와 양서라고 적힌 팻말 두 개가 붙어 있었는데, 막연히 양서란 좋은 책을 말하는 건가 생각했다. 서양서 일반을 가리키는 말이었지만. 그날, 이유는 알 수 없지만 야마다 에이미의 『풍장의 교실』을 포함한 두 권의 책을 대출했다. (다른 한 권이 무엇인지는 기억나지 않는다.) 고교 시절에 같은 작가의 『베드타임 아이스』를 읽었는데, 그 책의 이상한 영향으로 나는 아직도 줄임말을 쓸 때 순간 망설이고는 한다. 미국에서는 오렌지주스까지 OJ로 줄여 말한다며 조롱조로 얘기하는 인물이 등장했던 까닭이다. 몇 년이 지나 어느 패션 잡지에 실린 야마다 에이미의 인터뷰를 읽었다. 낮에는 글을 쓰고 저녁에는 반드시 누군가를 만나러 나간다는 얘기가 인상적이었다. 당시 나는 저녁에 주로 아르바이트를 하고 있었는데 좋은 글을 쓰려면 주중 한 번은 일 대신 누군가를 반드시 만나야 할 것 같았다.

학생식당에서 800원짜리 볶음밥으로 저녁을 때운 뒤에는 고시원 침대에 몸을 구기듯 누워 책을 읽었다. 차츰 수업에 적응해갔다. 한 번은 괴테의 『파우스트』를 읽고 에세이를 써서 제출해야 했다. 이미 읽은 책이었으므로 처음에는 자신이 있었다. 그러나 다시 읽게 된 『파우스트』는 소설이 아니라 희곡이었다. 그제야 어려서 읽었던 책들 중 대다수가 일본을 경유해 들어왔으며 그 과정에서 청소년용으로 다듬어졌다는 걸 알게 되었다. 그날은 당황했다. 하지만 학기가 거듭되고 어려서 멋모르고 읽었던 책들을 다시 읽어야 할 때마다 말 그대로 다시 읽기의 즐거움을 깨달았다. 쥘리앙 소렐이 살 수 있는 기회를 버리고 굳이 죽음을 선택하는 이유에 대해서도 처음 읽었을 때와 다시 읽었을 때의 생각이 달라졌다. 이런 이야기다.

    어떤 수업에서는 매주 한 권의 지정 도서를 읽고 에세이를 써서 제출해야 했다. 한 번은 『오디세이아』가 과제로 주어졌다. 그때 선생님이 하신 말씀이 자주 기억이 난다. 너희들은 아마 이번 기회가 아니면 이 책을 읽을 일이 없을지도 모른다. 그러니 지금 읽어둬라. 읽을 수 있을 때 읽어야 한다. 시간이 허락된다면 『일리어드』도 읽으면 참 좋겠다. 그때 『오디세이아』는 읽었지만 아직 『일리어드』를 완독하지는 못했다. 책을 갖고 있고, 가끔 필요한 부분을 찾아 읽어본 적은 있다. 하지만 다 읽었다고 말할 수는 없다. 이 글을 쓰는 지금 책장 어딘가 꽂혀 자리를 지키고 있을 『일리어드』를 찾아봐야겠다는 생각이 든다. 내친 김에 『오디세이아』도 다시 읽으면 좋겠고. 다시 읽기의 기쁨을 기꺼이 누릴 수 있을 테니까.

단호한 조언들

언젠가 『숨』의 청탁으로 이런 글을 썼다. 그 무렵 복수의 뜻을 더하는 접미사 "-들"을 부러 과용하던 때여서 제목을 "조각들"로 붙였다.

이 글을 쓰려고 책상 앞에 앉아 차를 마시다가 그새 긴 손톱이 보여 손톱을 깎았다. 오전 3시. 못난 형태로 잘려나가는 손톱조각들을 보며 마지막으로 언제 손톱깎이를 꺼냈었는지 생각했다. 일주일쯤 전이었을 것이다. 손톱이 생각보다 빨리 자란다는 사실에는 늘 감탄하게 된다. 어제까지는 자를 정도로 자라지 않았을 텐데. 나는 많은 일들에 감탄하는 편인데, 그중에서도 내가 너무 늦지 않게 손톱을 깎는 생활을 유지하고 있으며, 손톱깎이가 늘 제자리에 있다는 것에는 감탄해야 마땅하다고 생각한다. 손톱조각들을 꼼꼼히 모아 쥐가 먹지 않도록 휴지통에 버리는 습관에 대해서도 마찬가지다.

　손톱을 깎는 동안 남아 있던 차가 식었다. 새벽에 술 대신 차를 마시기 시작한 지 이틀이 되었다. 지난달 의사를 찾아갔는데, 내 간략한 이야기를 들은 의사는 마음씨 착한 형사처럼 내게 이것저것 캐물었고, 나는 최대한 정직하게 대답했다. 의사는 그간 지속된 음주로 뇌에 미세한 손상을 입었을 거라고 말했고, 나는 고개를 끄덕였다. 그래서 어떤 단어들이, 어떤 이름들이 떠오르지 않았을지도 몰랐다. 그래서 책상 앞에 앉기가 두려웠던 것인지도 몰랐다. 그래서 전화를 피하고 메일함을 열지 않으며 오전 10시쯤 잠들어 해가 지고 난 후에야 일어나는 날들을 지속했는지도 몰랐다. 그 와중에 손톱을 때맞춰 깎기는 했다. 감탄스럽게도. 나는 주벽과 더불어 몇 가지를 더 말했고, 마스크 위로 인자한 미소를 짓고 있던 의사가 문득 말했다. "그러다 ㅂㄱ하게 될 수도 있어요." 의사의 마스크로 인해 비읍과 기역만 간신히 들었던 내가 질문했다. "분개하게 된다고요?" 의사가 고개를 저으며 대답했다. "붕괴하게 된다고요." 마침 며칠 전 오랜만에 극장에 가서 「헤어질 결심」이라는 영화를 봤던 나는 웃음을 터뜨리고 말았다. "헤어질…… 결심처럼요?" 의사가 의아해하기에 나는 영화 얘기라고 덧붙였다. 의사는 웃으며 아직 보지 못한 영화라고 말했다. 내담이 종료될 무렵 의사는 묻고 싶은 걸 물어보라 했고 나는 미세한 손상들 때문인지 아무런 질문도 떠올리지 못했다. 진료실을 나와 처방약을 기다리는 동안 붕괴하다라는 동사의 주어가 무엇인지 혹은 누구인지 묻지 못했다는 것을 깨달았고, 세 살에 크게 넘어져 모친 표현에 따르면 두개골이 보였을 정도로 이마를 다친 적이 있는데, 가끔 인생에서 이해할 수 없는 일을 겪을 때마다 당시 전두엽을 다친 건 아닌지, 그래서 이해력에도 손상을 입은 건 아닌지 의심하고는 했는데, 이에 대해서 질문해야 했던 건 아닌지 알고 싶어졌다. 다음 진료가 2주 후로 잡혀 있지만, 그때도 나는 전두엽을 운운하지는 않을 것이다. 의사가 나를 바보로 볼지도 몰라 두렵기 때문이다. 의사를 좀 더 믿어도 좋을까? 나는 어째서 믿다라는 동사를 채택하고 있을까? 붕괴의 크기와 정도는 어떻게 결정될까? 다시 말해서, 붕괴라는 단어의 필요충분조건들은 무엇이 있을까?

    붕괴는 먼 일일 수 있지만 분개는 자주 일어난다. 분개라는 단어가 마음에 든다. 개가 포함되어 있고, 어쩐지 결연한 느낌도 들기 때문이다. 나는 여느 사람들처럼 많은 일들에 분개하는데, 사적인 대화를 나눌 때나 소위 민주시민의 권리를 행사할 때나 스스로 결정을 내릴 수 있을 때가 아닌 경우, 특히 글을 쓸 때 딱히 직접적인 분개를 표출한 적이 없다. 모를 일이다. 하지만 그렇다고 생각된다. 왜일까. 나는 이유를 알고, 아는 것 같고, 몇 개의 문장으로 밝혀보고도 싶지만, 이내 생각을 접는다. 붕괴하게 될 수도 있으니까. 하지만 의사의 완곡한 단어 선택에 따르면 이미 뇌에 미세한 손상이 가해진 마당에, 붕괴라는 사건을 경험하고 싶기도 하다. 그래서 통사를 완전히 잃을 수 있다면. 혹은 모든 고유명사들을 잊을 수 있다면. 이해할 수 없는 일들을 이해하고 이해하는 혹은 이해한다고 믿는 일들을 이해할 수 없게 된다면.

　하루가 지났다. 오늘은 차 대신 무알코올 맥주를 마시고 있다. 대학에 다닐 때 프랑스어 회화 수업을 들었는데, 학생들은 순번에 따라 프랑스 음악이나 문학, 정치, 패션, 교육제도 따위에 대해 프랑스어로 발표해야 했다. 그중 패션을 맡은 학생이 준비해온 파워포인트프레젠테이션 자료에는 높은 굽이 달린 운동화 사진이 있었다. 그 사진을 한참 바라보고 있던 원어민 선생이 탄식하듯 이렇게 말했다. "Quelle ironie……" 학생들이 웃었고, 나도 웃었는데, 내가 한 15년 뒤에 무알코올 맥주를 마시고 있으리라고는, 무알코올 맥주라는 음료가 출시될 거라고는, 무알코올 맥주라는 아이러니를 내 신체의 일부로 받아들이게 될 거라고는 미처 생각하지 못했다. 어쨌거나 맹물을 마시는 것보다는 낫다. 차를 마시는 것보다는 덜 어색하다. 새벽에 술을 마시지 않은 것이 사흘째이고, 그럭저럭 견딜 만하다. 의사의 말을 떠올린다. 나는 의사에게 내가 개에게 물렸을 때와 임파선염을 앓았을 때, 최근에는 코로나 백신을 접종하기 전날들에 술을 마시지 않았으므로, 참을 수 있었으므로 이만하면 알코올 중독이 아니지 않느냐고, 예컨대 프랑스에서는 식사할 때마다 포도주를 반 병씩 비운다던데 다들 멀쩡히 잘 살지 않느냐고 항변했는데, 의사는 웃으며 무리할 필요는 없으나 의학적 기준으로는 석 달 이상 술을 마시지 않아야 중독이 아니라 판단한다고 말했다.

 어쨌거나 나는 의사의 말을 따라보는 중이다. 처음부터 그랬던 건 아니고, 포도주 반 병과 처방약이 신체에 흡수되자 나의 장대하고 하찮은 신체는 다음 날 시체처럼 누워만 있었고, 같은 상황이 다음 날과 그 다음 날에도 반복되었으므로, 당분간 금주해보기로 한 것이다. 이런 얘기를 쓰고 있자니 한심하기 그지없지만, (며칠 전 다른 지면에도 썼는데) 3년 전이 오늘 같고 어제가 내일 같은, 요 몇 년 동안의 시간이 곤죽이 되어 엉망진창이 된 기분으로 살고 있는 것이, 비록 틈틈이 손톱을 깎고는 있지만, 나의 거의 전부인 것 같아서, 그 외에는 다른 것이 없는 것 같아서, 쓰지 않을 수가 없다. 나는 손톱들을 들여다보고, 하루만에 손톱깎이를 다시 꺼낼 정도로 자라 있지는 않아서 안심한다. 오전 5시 5분. 해가 뜨기 전에 원고지 일곱 장을 더 쓸 수 있을까. 지금 보니 오른손 약지에 굳은살이 박여 있는데, 어쩌다 이렇게 되었는지 모르겠다. 내 신체를 속속들이 통제할 수 있다면 좋을 것이다. 세 살에 나는 이마를 꿰맨 실을 풀기 위해 병원에 갔고, 의사는 나를 무릎에 앉혀 놓고 유리판과 녹색 부직포 사이, 그러니까 의사의 책상에 깔려 있던 병원 조직도를 가리키며 한 글자씩 읽어보라고 했다. 나는 자랑스레 내과며 소아과, 김아무개며 박아무개 따위의 글자들을 읽었고, 의사는 감탄하는 시늉을 하며 나를 과하게 칭찬했고, 내가 으쓱할 때마다 재빨리 내 이마에 소독약을 묻힌 솜을 가져다 댔다. 그 후로 나는 이마를 다섯 번쯤 더 다쳤고, 그래서 총 스물다섯 바늘을 꿰맸다고 알고 있고, 흉터가 여전히 남아 있는데, 어렸을 적에는 이마 한가운데를 차지했던 흉터가 점차 왼쪽으로 자리를 잡았고, 날마다 세수를 하면서도 흉터를 거의 인지하지 못하지만, 가끔 그것이 눈에 띌 때마다, 왼쪽과 오른쪽 사이에서 오랜 시간 고민했을 흉터의 내면 따위를, 당연하게도, 생각하지 않았다.

    요 몇 년간 찾아갔던 병원들에서 녹색 부직포를 본 기억은 없다. 아주 예전에 내 책상에도 녹색 부직포가 깔려 있었던 기억은 있다. 유리판 가장자리로 조금 밀려나온 그것의 촉감이 기억이 난다. 기억은 없거나 있고, 가끔은 있거나 없다.

    처방약이 잘 듣는 모양인지 지난 이틀간 중간에 깨는 일 없이 거의 꿈도 꾸지 않고 잠을 잤다. 한동안 꿈에서 원고를 썼는데, 그러다 다른 사람의 글을 읽는 꿈이 계속되다가, 나중에는 꿈에서도 아무것도 쓰지 못했다. 안타깝게 들릴 수도 있을 테니 재미있는 꿈을 꿨던 얘기를 하자면, 한국에서 스트로베리 필드라는 개념이 심각하게 오용되고 있다는 문제를 지적한 열두 페이지짜리 논문을 읽은 꿈이었는데, 나는 필사적으로 모든 내용을 기억해야 한다고, 모든 문장들을 기억했다가 일어나서 물리적인 실체로 바꾸어야 한다고 생각했다. 논문의 글꼴도 기억이 난다. 제목과 저자명이 배치된 형태도 기억이 난다. 하지만 잠에서 깨어났을 때, 책상 앞에 앉자마자 모든 글자들은 연기처럼 흐려지고 말았다. 나의 질문은 이러하다. 꿈에서 열두 페이지짜리 논문을 읽었다면, 그것을 쓴 사람은 내가 아닌가? 어째서 내가 아니었는가?

해가 뜨고 있다. 실패했다는 기분이 든다. 하지만 미지근해진 무알코올 맥주를 마저 마시고, 원고지 다섯 장을 마저 쓰고, 자기 전 약을 먹고, 꿈 없는 잠으로 진입해야 한다. 무슨 얘기를 해야 할까, 생각하다 얼마 전 이름을 바꾸고 싶다고 생각했던 기억이 난다. 나는 가끔 충동적으로 개명을 생각하는데, 모를 일이지만 관공서 운영시간 탓에 실행에 옮길 수는 없을 것 같다. 어쨌거나 얼마 전에는 성을 바꿀까 생각했다. 이를테면 견씨로. 어느 책에서 디오게네스 일화를 읽다가 떠올렸던 것이다. 나는 개들을 믿으니까 어울리지 않을까? 하지만 디오게네스는 알렉산드로스에게 해를 가리지 말라고 했다던데. 그래서 나는 다른 성들을 고려하기 시작했다. 다행히도 내 이름은 어떤 성을 붙여도 어색하지 않은 편이라고 여겨지니까. 자씨로 바꾸면 다소 우파 느낌이겠지. 소씨로 바꾸면 자본가 느낌이 날 것 같고. 경씨도 좋고 우씨도 좋아. 이런 식으로 여러 성들이 오가다

환씨로 잠정적인 결정을 내렸다. 여기까지 쓰고 네이버에서 환유를 검색해보니 사전 항목 첫 문장이 이렇게 시작한다. "환유는 한 낱말 대신 그것과 가까운 다른 낱말을 사용하는 것이다." 이제 주장할 때가 되었다. 쥐들이 관심을 보이지 않는 손톱조각들이, 무알코올 맥주의 허망한 기포들이, 사라진 압정들이, 언젠가 내가 경찰차로 압송되는 죄수였다가 곧이어 사옥 옥상에서 담배를 피우는 회사원이었다가 계단에서 발을 잘못 놀려 넘어지기 직전 난간을 붙든 사람이었다가 영화였다가 수민이었다가 정규였다가 호연이었다가 했던 꿈이, 환유라는 건 아니고, 아닌데…….

스스로에게 칭찬을 많이 해주세요, 의사가 말했다. 무엇에 대한? 보충어가 빠져 있군, 나는 생각했다.

이제 잠들 시간이다.

최근에 『남방우편기』를 읽다가 문득 이 글을 쓰던 시간이 떠올랐다. 가장 좋아하는 생텍쥐페리의 작품이라면 아무래도 『야간 비행』이고, 주정뱅이가 나온다는 이유로, 저자의 의도를 영 비껴난 것 같지만, 『어린 왕자』도 아낀다. 『남방우편기』에도 페이지마다 작가 고유의 아름답고 서정적인 문체가 발견되고, 나로서는 이번 생에 할 수 없을 것이 분명한 비행기 조종사의 경험들이 듬뿍 배어 있다. 한데 이 작품을 다시 읽으면서 눈에 띈 건 의사가 주느비에브에게 하는 말이다. (딴소리 하나를 덧붙이자면 어릴 때는 주느비에브라는 이름이 정말 예쁘다고 생각했다. 영화 「쉘부르의 우산」에서 카트린 드뇌브가 맡았던 인물도 주느비에브로 불렸지 아마. 프랑스 사람들에게 이 이름은 요새 어떤 느낌으로 받아들여질까? 그나저나 외래어표기법에 따르면 주느비에브가 아니라 준비에브라는 편집자 의견을 받았다. 모음 하나에 이렇게 느낌이 달라지다니…… 이에 대한 마음의 준비가 되지 않았는데.)

항공우편회사에서 일하는 자크 베르니스는 주느비에브를 사랑하지만 그녀는 이미 다른 남자의 아내다. 어느 날 그녀의 아이가 중병에 걸린다. 의사가 온다. 그는 아이를 돌보는 주느비에브를 지켜본다. 여기서 의사는 갑자기 서술의 중심이 된다. "의사는 울지도 않고, 필요 없는 말은 한 마디도 하지 않으며, 간호사처럼 정확하게 의사 일을 돕는 이 젊은 여인이 놀라웠다."* 그러다 기절해버린 주느비에브에게 이런 처방을 내린다. "의사는 그녀에게 용기를 내라는 말도, 희망을 가지라는 말도 하지 않았고, 어떤 동정심도 표하지 않았다. 그저 심각하게 바라보더니 '너무 무리하셨습니다. 대단한 것은 아닙니다. 오늘 오후 외출하도록 하세요. 극장에는 가지 마십시오. 사람들은 생각이 너무 편협해서 이해를 못 할 테니까요.

* 앙투안 드 생텍쥐페리, 『야간비행·남방우편기』, 허희정 옮김, 펭귄클래식코리아, 2014, 174쪽.

하지만 뭔가 그 비슷한 일을 하십시오.'"*

이 대목을 읽으면서 내가 의외로 냉정한 조언들을 좋아하는지도 모르겠다고 생각했다. 그런 말을 해주는 사람을 만날 기회가 흔치 않은 것 같다는 생각도. 앞의 글에서 만난 의사는 단호하게 나의 알코올중독을 의심했고, 나는 단호하게 단주했다. 주느비에브도 의사의 말에 따른다. 아이가 사망한다. 그녀는 남편을 떠나 자크에게로 가지만 이들의 관계도 녹록지는 않다. 나도 어느 시점에 단주를 끝냈다. 언제고 의사에게로 돌아가 단호한 한마디를 듣기 위해서…… 라고 말해본다.

(이 꼭지와는 관계가 없지만 이왕 『남방우편기』 얘기를 하는 김에 전시 상황이라는 불안하고 위태로운 상황에서 발생하는 놀라운 문장들에 대해서도 말하고 싶다. 예컨대 "그들은 대로에서 마주치고는 상대방이 살아 있다는 사실에 서로 놀라워했다."*거나 "그래, 삼만 명의 연인을 살려줄 테니까. 연인들이여, 조금만 참아라!"* 와 같은. 그들은 더는 대로에서 마주치지 못했을 것이고, 삼만 명의 연인들은 살건 죽건 대부분 헤어질 수밖에 없었겠지. 나는 아직 『인간의 대지』를 읽지 않았고 그래서 다행이라는 생각이 든다.)

* 같은 책, 175쪽.
* 같은 책, 190쪽.
* 같은 책, 150쪽.

선물 받은 책

몇 해 전 크리스마스 즈음에 책을 한 권 선물로 받았다. 재클린 로즈가 쓴 『숭배와 혐오』였다. 비교적 오랫동안 알고 지낸 편집자가 주었는데, 저자 증정본이나 홍보용으로 배포되는 책들을 받은 일은 많지만, 가까운 사이에서 책을 선물하고 또 받는 일이 얼마나 오랜만인지를 새삼 생각하게 되었다. 나는 그 책을 읽었고, 지금 기억나는 문장은 "여성에겐 어머니가 되기를 거부해 세상에 종말을 가져올 수 있는 힘이 있다"*다. 저자에 대해 검색하다 자매인 질리언 로즈의 『페미니즘과 지리학』이라는 책을 알게 되어 도서관에서 빌려 읽기도 했다. (내가 찾아볼 무렵에는 절판 상태였다.) 후에 어느 모임에서 『페미니즘과 지리학』으로 세미나를 한다는 걸 알게 되었

* 재클린 로즈, 『숭배와 혐오: 모성이라는 신화에 대하여』, 김영아 옮김, 창비, 2020, 68쪽.

지만 여유가 없어 참여하지 못했고, 아쉬웠다. 선물 받은 책 한 권이 다른 책들로 이르는 여정을 만들어주는 경험이 너무나 귀해서 언젠가 나도 앞서 말한 편집자와 그 동료들에게, 친구들에게, 가까운 사람들에게 책을 선물하고 싶다는 생각을 계속해오고 있다. 다만 내가 고른 책을 이미 읽었을 것 같고, 이미 책이라면 넘치도록 많을 것도 같다는 걱정이 들기는 하지만.

이런 이야기를 쓰고 있으니 처음으로 선물 받은 책이 생각난다. 처음이 아닐 수도 있는데, 아무튼 선물 받은 책과 관련된 최초의 기억은 유치원에 다닐 때다. 나는 2월 출생자라 여섯 살에 유치원에 입학했고, 장미반이었다. 조그만 규모의 유치원 원생들은 두 개 반으로 나뉘었는데, 다른 하나는 백합반이었다. 나는 백합반이고 싶었다. 그 무렵에 읽었던 방정환 동화집에서 어느 귀족댁 부인이 침대에 놓인 백합을 보고 자신이 죽을 운명임을 알아차리는 내용이 있었다. 어째서 여섯 살짜리가 죽음에 일종의 매혹을 느꼈는지 그보다 한참 나이를 먹은 지금의 나는 알지 못한다. 어쩌면 동화(찾아보니 『호수의 여왕』이라는 제목이고, 귀족 부인은 부란수랜드 백작부인이라고 한다)를 읽고 이전까지 딱히 생각해본 적 없는 죽음에 대해 어설픈 상상을 하기 시작했을 수도 있다. 아무튼 나는 장미반 원생으로 멜로디언 연주하는 법을 배웠고, 크레파스로 문어를 많이 그렸다. 빨판 그리기가 지

겹고도 재미있었다. 여러 색 크레파스로 바탕을 칠한 뒤 그 위를 검정색 크레파스로 덮어 날카로운 도구로 긁어 내는 방식의 그림 그리기도 배웠다. 조그만 뜰에 완두콩인지 토마토인지를 심었다. 뭔가 심은 기억은 있는데 자란 모습을 본 기억은 없다. 토끼도 있었던 것 같은데 지금은 사망했을 것이다. 노래를 불렀고 운동회도 했다. 이윽고 크리스마스가 다가왔다. 얼마 전 인터넷에서 떠도는 사진들 중에 크리스마스 파티를 준비하는 유치원 교사들이 아이들이 눈치채지 못하게끔 기발하게도 학부모에게 영단어와 한자를 섞어 준비사항을 알리는 안내문을 보았다. 나의 선생님들은 보다 직접적인 방법을 택했고, 나는 선생님들이 나눠준 종이에 받고 싶은 크리스마스 선물을 써서 제출했다. 몇 가지 질문 중 마지막 질문에 대한 답이었다.

그래서 나는 무슨 책을 받고 싶었지? 『고래잡이 간 형제』이거나 『골목 안 감나무』이거나 『요술 모자 아닌 요술 모자』였을까? 확실히 『꿈나라에서 얻은 새알』은 아닐 것이다.

그때 나는 꿈동산 출판사에서 나오던 동화책들을 무척 좋아했다. 어쩌다 서점(아마 대전 시내에 있던 문경서적이었을 것이다)에 갈 때마다 꿈동산 책들이 꽂힌 서가 앞에서 딱 한 권을 고르느라 한참 고심하고는 했다. 나는 종이에 그중 한 제목을 적었고, 크리스마스이브에

치러진 조촐한 잔치에서 다른 책을 받았다. 빨간 산타 양말에서 전혀 다른 책이 나왔다. 다른 아이의 책과 바뀐 것이었다. 이미 책에 이름이 적혀 있어서 서로 바꿀 수도 없었다.

지금 내 책상에는 『꿈나라에서 얻은 새알』이 놓여 있다. 이 책은 지금 봐도 아름다운데, 글은 유 경환, 삽화는 이 진봉, 공 덕로, 계 창훈 작품이라는 걸 이번에 새롭게 알게 된다. 이때는 이름을 표기할 때 일반적으로 성과 이름을 떼어 적었던 모양이다. 첫 페이지에는 이렇게 적혀 있다. "꿈동산은 어린이 여러분의 꿈을 키워주는 동산입니다. 이 꿈동산에서 어린이 여러분은 마음껏 뛰고 놀며 큰 꿈을 키워 보지 않겠읍니까?" 발행일은 1983년 10월, 이 글의 작성자는 "꾸민이"다. 맨 뒤를 보면 저자와의 협의로 인지는 생략함이라 적혀 있고, 1986년 5월 25일에 3판을 펴냈다는 걸 보니 나 말고도 이 책을 읽은 어린이가 꽤 있었던 듯하다. 수록된 첫 작품은 「겨울 다람쥐」인데, 눈 쌓인 초가집 앞에 널뛰기가 있고 널 끝자락에 다람쥐 두 마리가 조끼를 입고 사이좋게 앉아 있는 그림이 들어 있다. "눈밭에 갇힌 다람쥐 오뉘는 심심했읍니다. 나뭇군이 남겨 놓은 발자국 / 넓이 뛰기로 퐁 퐁 퐁."*

* 유경환, 「겨울 다람쥐」, 『꿈나라에서 얻은 새알』, 도서출판 꿈동산, 1986, 6쪽.

내가 고른 책은 누가 받았을까? 그 아이는 그 책을 아직 갖고 있을까? 나는 이 시리즈를 열 권쯤 갖고 있었을 텐데, 그중 몇 권은 세월과 함께 사라졌다. 하지만 남아 있는 책들을 가끔 펼쳐보면 시간이 순식간에 역행해 책을 처음 쥐었을 때의 감각이 고스란히 되살아난다. 어떤 이야기는 글과 그림을 외우다시피 했다. 한없이 몰입할 수 있었던 시절이다. 작가가 직업이 된 지금은 무엇을 읽어도 어떤 필터들을 거치게 된다. 전화벨이 울리면서 시작하는 소설이라니, 지나치게 고전적이구먼. 이런 문체는 어떻게 구사하는 걸까? 이 대목은 학생들에게 읽어줘야겠다. 후각을 동원해 화자의 심리를 설명할 수 있구나. 역시 인물에게 생생한 느낌을 주고 싶을 때 계절감 활용이 가장 쉽고 빠른 거야…… 이 단락은 작가가 다른 책에서 이미 한 얘기 같은데. 이런 생각들이 끝없이 떠오르는 것이다. 그래서 가끔은 대여섯 살이었을 때의 독서가 그리울 수밖에.

상속

내가 스무 살이 되었을 때 외할아버지가 오랜 투병 끝에 돌아가셨다. 투병이라고 쓰지만 나는 실제로 정확한 병명을 모른다. 노화가 초래하는 크고 작은 질병들 중 하나였을 것이다. 언젠가 필립 로스의 『에브리맨』에서 "노년은 대학살이다"라는 문장을 읽으며 외할아버지를 떠올렸다.

할아버지는 한두 해 정도 병원에 입원해 계셨다. 가끔 찾아뵈면 어머니와 필담을 나눈 흔적을 볼 수 있었다. 말씀하시기가 어려워 그편이 의사소통하기가 그나마 수월하다고 했다. 아마 그 무렵이었을 텐데, 어느 날 할아버지가 동생의 손을 붙들고 노천명이라는 시인이 있다, 네가 꼭 그 사람처럼 훌륭한 시인이 된다면 좋겠구나, 힘겹게 또박또박 말씀하시는 걸 보았다. 기억은 왜곡되고 말은 곡해된다. 이 책에서 나는 여러 번 기억이 확실하지 않다고 썼는데 실제로 그렇기 때문이다. 나는 의아했다. 동생은 나보다도 시와는 한참 거리가 먼 사람이었다.

어쩌다 『고문진보』라는 책이 내 책장에 오랫동안 꽂히는 운명에 처하게 되었는지도 잘 기억나지 않는다. 이 책의 겉표지에 적힌 글자들은 "서울"을 제외하고 모두 한자다. 심지어 우철제본에 세로줄쓰기로 인쇄되어 있다. 들어보면 묵직하다. 표지 안쪽에는 1990년 2월 13일이라는 날짜와 할아버지 성함이 반듯한 한글 정자로 적혀 있다. 할아버지 글씨다. 내가 아홉 살이었을 때다.

간혹 서명할 일이 있을 때 내가 사용하는 글자체는 어려서 흉내 내던 아버지 글씨와 닮아 있다. 지금 보니 어머니 글씨가 외할아버지의 그것과 많이 닮았다. 내가 먹는 것이 나를 설명한다거나 글씨를 보면 사람이 보인다 따위의 말을 신봉하지는 않지만, 그것들에서 그 사람의 고유성이 엿보일 때가 있다고는 생각한다. 할아버지는 꼿꼿한 분이었다. 도회지에 볼 일이 있어 외출하실 때는 양복 위에 트렌치코트를 걸치는 것으로 예를 갖추는 유형에 속했다. 나는 그분께 첫 손녀였는데, 그분의 희망대로 성장하지는 않았을 것이다. 어쨌거나 할아버지는 내게 『고문진보』 상하 두 권을 주셨다. 주신 것인지, 빌려주신 것인지는 명확하지 않다. 그리고 얼마 지나지 않아 돌아가셨다. 장례식장에서 동생과 나는 많이 울었지만 어머니보다는 그 양이 많지 않았을 것이다.

그 후로 나는 몇 차례 이 책을 읽으려고 노력했다. 책을 처음 소유하게 되었을 때, 관련 정보를 전혀 알지 못해 찾아보았고, 중국 송나라 때 편찬된 명문 선집으로, 고대부터 송나라 시기에 이르는 뛰어난 문장들을 모은 책이라는, 모르는 것보다야 낫지만 아나 마나 한 사실을 알게 되었다. 그 명문들을 체감하고 싶었다. 페이지 상단에는 한자 원문이, 하단에는 한글 번역문이 배치된 책을 펼쳐 둘 사이를 오가다 보면 무엇도 배우지 못하고 좌초된 기분이었다. 「어옹」을 읽어본다.

漁翁夜傍西巖宿하고、
曉汲清湘燃楚竹이라.
煙消日出不見人하니、
欸乃一聲山水綠이라.
回看天際下中流하니、
巖上無心雲相逐이라.

늙은 어부는 밤이 되자 서쪽 바위에 배를 대고、
새벽엔 맑은 상수의 물을 길러 초 땅의 대로 밥을 짓네.
안개 사라지고 해 뜨자 사람은 간데없이、
뱃노래 가락만이 푸른 산이 비친 물속에서 나네.
하늘가를 돌아보며 강물 가운데로 내려가니、
바위 위엔 무심한 구름만 연이어 흐르네.*

가끔 의무감에 들춰볼 뿐, 진전이 없었다. 나는 누군가 권하는 책이라면 반드시 읽어볼 필요가 있다고 생각하는 편인데, 하물며 할아버지께서 당신 생전에 남겨주신 책이라면 꼭 읽어야 할 것 같았다. 그러나 아직도 처음부터 끝까지 읽지 못했고, 가끔 아무 페이지나 펼쳐서 마치 오늘의 운세를 헤아리는 사람처럼 첫눈에 들어오는 구절을 새기는 정도로만 족했다. 술술 읽기에는 내 한자 실력이 터무니없이 부족했고, 글꼴이 작았으며, 무엇보다도 세로줄쓰기가 낯설었다.

그렇게 시간이 흘러갔다. 어느 날, 길을 건너려는데 횡단보도 근처 그늘에 학습지 등록을 권유하는 이들이 앉아 있는 모습이 눈에 띄었다. 나는 저도 모르게 그들에게로 다가갔고, 플라스틱 도시락통을 선물로 받았고, 내친 김에 한자 학습지를 구독하게 되었다. 간단한 테스트를 거쳤다. 계(計)자를 알고 있느냐 여부였다.

한동안 열심히 한자를 공부했다. 한시를 가르치는 유튜브 채널을 구독하기도 했고, 붓펜과 한자 쓰기용 연습장도 샀다. 고등학교 과정까지 1800자를 익힌 걸로 아는데, 실제로 내가 자신 있게 쓸 수 있는 한자는 100자도 되지 않을 것 같았다. 익숙한 글자가 늘어나면서 나는 가끔 『고문진보』를 들춰보았고, 한 페이지에서 두어 글자

* 「漁翁」, 『고문진보』, 김학주 옮김, 명문당, 1988, 227쪽.

만 눈에 들어온다는 사실에 짧게 좌절했다. 그러다 코로나 바이러스가 창궐했다.

紈袴不餓死나、
儒冠多誤身이라。
丈人試靜聽하라、
賤子請具陳이라。

귀족들은 굶어 죽는 일 없지만,
선비들은 몸을 그르치는 이 많네.
좌승께선 잘 들어 보십시오,
천한 제가 모두 말씀드리겠소이다.*

그날의 운세였다. 학습지 선생님이 대면 수업을 어려워하셨고, 나도 마찬가지였고, 그래서 교재만 구독하는 형식으로 바뀌었다가, 늘 그렇듯 비닐도 뜯지 않은 교재들이 쌓여가면서 점차 나는 학습을 그만두게 되었다. 그래서 내 한자 실력은 여전히 6급 정도에 머물러 있다.

이 글을 쓰면서 오랜만에 다시 『고문진보』를 들춰본다. 기억에서 지워져 있었는데, 표지 안쪽에 1998년

---

* 「贈韋左丞」, 같은 책, 206쪽.

1월 7일이라는 날짜와 외손녀 한유주에게라는 글씨, 그리고 막도장으로 찍은 듯한 할아버지의 직인이 있다. 주소와 전화번호도 있다. 책에 소유주의 이름을 적던 때를 나도 기억한다. 수여자의 이름이 적히던 때도 있었다. 그런 게 당연하던 때가 있었다. 나는 언제고 이 책을 한 글자도 빠뜨리지 않고 다 읽을 것이다. 그렇게 될 것이다.

벵갈루루에서 구한 책

벵갈루루 공항에 도착했을 때는 아직 오전이었다. 나는 앞좌석 포켓에 넣어두었던 책을 꺼냈다. 사이먼 크리츨리의 『자살에 관한 노트』였다. 자이푸르에서 벵갈루루까지, 두 시간 남짓 비행하는 동안 읽으려고 챙겨둔 책이었다. 하지만 옆자리에 앉은 승객이 책표지를 흘긋 보고는 뜨악한 표정을 지었기에 나는 책장을 넘기는 대신 부족한 잠을 보충하기로 했다. 그런데도 좀처럼 졸음이 가시지 않았다. 억지로 눈꺼풀을 들어올리고 수하물 벨트로 몰려든 사람들 틈바구니에서 용케 단번에 짐을 찾아 공항 밖으로 나오자 햇빛에 눈이 부셨다. 시내로 이동하기 위해 택시를 잡았다. 자이푸르와는 달리 내가 아는 한 칸나다어로 적힌 교통표지판들이 눈에 들어왔다. 배운 적 없는 언어이기에 도저히 읽을 수 없는 그 글자들은 아마도 규정 속도를 준수하라거나 시내 중심가로 이르는 도로명 따위를 가리키고 있을 것이었다. 방갈로르는 벵갈루루의 영어식 표기입니까? 전에 한 차례 혼동을 겪은 적이 있는 내가 묻자 운전사는 그렇다고 대답했다. 벵갈루루란 끓인 콩의 도시를 의미합니다. 지금은 IT 산업으로 유명합니다. 끓인 콩의 도시는 내게 혼란스러운 이미지만을 남겼지만, 나는 고개를 끄덕이며 영국인들이 무더위를 피해 고지대에 세웠다는 인도 남부의 도시를 관찰했다. 차는 한동안 수월하게 달렸으나 시내가 가까워지자 교통정체가 시작되었다. 북인도에 위치한 자이푸르의 1월 기온은 낮에도 꽤 쌀쌀해서 나는 일주일간 겨울외투를 입고 다녔다. 그 차림 그대로였으므로 다소 더웠던 데다 신선한 공기가 필요해 차창을 내렸더니 도로의 매연이 순식간에 차 안을 메웠다. 온도를 낮출까요? 운전사가 물었고 나는 동의했다. 벵갈루루 시내는 자이푸르와 사뭇 다른 모습이었다. 서울에서 태어나 줄곧 도시에서만 자란 사람에게 자이푸르는 드넓은 미개발지와 터무니없이 아름답고 웅장한 궁전들이 드문드문 들어선 벌판처럼 보였다. 하지만 벵갈루루 시내는 내가 익히 알아온 대도시들과 전혀 다르지 않았다. 구글맵으로 확인하니 숙소가 가까워지고 있었다. 나는 도로 양옆을 살펴 커피숍들의 개수를 파악하려고 노력했다. 운전사가 길을 헤매기 시작하면서 이 일은 보다 수월해졌다. 적당해 보이는 커피숍들이 서너 군데 있었다. 나는 안도

했다. 앞으로 사흘간 일정은 하나뿐이었다. 한가로운 기분으로 방에 들어서자 정체를 알 수 없는 불쾌한 냄새가 났다. 벽 하나가 통째로 유리였으나 개폐가 가능한 창은 달려 있지 않았다. 서늘한 유리벽 앞에 서자 아래로 수영장이 눈에 들어왔다. 누군가 타일바닥을 닦고 있었고 또 누군가가 물도 없는 수영장 옆 선베드에 수영복을 입고 누워 책을 읽고 있었다. 길 위로 허연 구름띠가 지나갔다. 매연이었다. 짐을 대강 풀어놓고 샤워를 마쳤더니 샤워부스 밖으로 물이 흥건하게 흘러나와 있었다. 자이푸르에서는 궁전을 개조했다는 호텔에서 지냈다. 거기서 지나치게 팔자가 좋았구나, 생각하며 방 안의 냄새를 없애려고 에어컨을 틀었다. 하지만 바람의 세기가 조절되지 않았다. 이에 관해 문의하려고 객실에 비치된 전화기를 들었더니 어쩐 일인지 통화가 되지 않았다. 에어컨을 끄면 냄새로 괴로웠고 켜면 오한이 들었다. 다행히도 침대는 널찍하고 편안했으며 이불은 두껍고 베개는 푹신했다. 젖은 머리로 침대에 누워 『자살에 관한 노트』를 읽기 시작했다. 그러다 잠깐 눈을 붙인다는 것이 그만 다음 날까지 잠들고 말았다. 꿈이 없거나 혹은 지나치게 많은 꿈들이 개입하는 혼곤한 잠이었다. 다음 날이 되었다. 억지로 눈을 떴을 때는 조식시간이 지나 있었다. 내게는 커피가 필요했다. 이를 닦고 입 안을 헹구는데 거품에 피가 섞여 있었다. 화장실 바닥에는 전날 샤워부스에서 흘러나온 물웅덩이가 반쯤 말라 있었다. 커피포트에 물을 받아 끓이고 찻잔에 인스턴트커피 가루를 부었다. 그리고 커피를 마시면서 언젠가 로마의 한 카페에서 아메리카노를 주문하자 직원에게서 "우리는 아메리카노를 좋아하지 않습니다. 많은 커피를 마시고 싶습니까? 그렇다면 앞으로 ○○○를 주문하십시오"라는 말을 들었던 것을 떠올렸다. 하지만 아무리 생각해도 ○○○이 무엇이었는지, 세 음절이기는 했는지조차, 도무지 기억나지 않았다. '많은 커피'라는 재미있는 표현만 기억에 박혔을 뿐이다. 전날 저녁부터 아무것도 먹지 않았기에 허기진 상태였다. 유리벽 아래를 내려다보니 여전히 누군가가 타일 바닥을 닦고 있었고 또 누군가는 물도 없는 수영장 옆 선베드에 누워 책을 읽고 있었다. 순간적으로 시간이 조금도 흐르지 않은 것이 아닐까 하는 생각이 들었지만 이 의혹은 이내 해소되었다. 누군지 모를 독서자가 수영복 차림이 아니었던 것이다. 당시에 나는 부쩍 외국에 다닐 일이 많았다. 책 때문이었고, 에이전트 덕분이었다. 홍보나 판매에 내 물리적 존재가 얼마나 도움이 되는지는 알 수 없지만 내 책의 영어판 출간을 위해 오랫동안 고군분투한 에이전트가 시키는 일이라면 뭐든 한다는 마음이 먼저였다. 그렇게 낯선 나라에 도착할 때마다 나는 반드시 세 장소를 찾았다. 슈퍼마켓과 서점, 그리고 스타벅스였다. 술을 사야 했고, 책을 구경해야 했고, 커피를 마서야 했다. 실은 나는 카페에 잘 가지 않는 유형에 속한다. 커피에 조예가 깊은 친구가 있는 작업실에서 얼마든지(라기보다는 자주 졸라서) 훌륭한 커피를 마실 수 있기 때문이고, 언젠가부터 행동 반경을 좁혀 살고 있기 때문이다. 하지만 외국에서는 일부러라도 스타벅스를 찾아갔다. 컵에 내 이름을 어떻게 써주는지 보고 싶어서였고, 어느 나라에서든 동일한, 그래서 경이롭게까지 여겨지는 맛의 커피를 마실 수 있어서였다. 그래서 나는 스타벅스를 가기 위해 1.2킬로미터의 도보 여행에 나섰다. 숙소를 나서자마자 툭툭 기사들이 호객을 시작했으나 이미 자이푸르에 머물던 며칠 사이 내가 지역경제를 파괴했을지도 모르겠다는 농담이 말이 될 정도로 바가지 요금에 톡톡히 당했음을 뒤늦게 깨달았던 탓에 나는 그들에게 손사래를 치고 걷기 시작했다. 대부분 직선도로를 따라가는 경로였다. 어려움이 있었다면 매연과 빈틈없이 귀를 울리는 경적소리였다. 도로 곳곳에 무의미한 경적을 울리지 말라는 표지판이 세워져 있었으나 표지판 자체가 무의미하게 보일 지경이었다. 나는 그렇게 실크상점, 보석 상점, 간이 스낵바, 신발가게, 옷가게, 주류상 등과 어느 귀족의 저택처럼 보이는 학교 건물을 지나치며 걸었다. 학교 건물 앞에서 인부 두 사람이 정문 옆 석조 외벽에 긴 형태의 벽감을 만들고 있었다. 그 후 교차로에서 초록불이 점멸하는 횡단보도를 건너려던 순간, 툭

툭 한 대가 보란 듯이 신호를 위반하며 내 오른발을 아슬아슬하게 비껴 지나갔다. 신호등 넉 대가 있었지만 차량들도 보행자들도 신호를 지킬 생각은 없는 것처럼 보였다. 진짜 혼돈을 보고 싶다면 바라나시에 가봐요, 하고 자이푸르에서 만났던 인도인 작가가 말했다. 마치 바라나시는 인도에 속하지 않는다는 듯한 말투였다. 그렇다면 이 광경은 진짜 혼돈과는 거리가 멀다는 얘기겠지, 나는 생각하며 여느 보행자들과 마찬가지로 자신만만하게 횡단보도를 건넜다. 마침내 스타벅스 앞에 도착해 안으로 들어가려는데 마담! 하고 외치는 소리가 들렸다. 무심코 돌아보니 한 남자가 나를 부르고 있었다. 왜 그러시죠? 내가 묻자 그는 도리어 내 출신국을 물었다. 한국에서 왔다고 대답하자 그가 말했다. 오, 좋은 나라죠. 대체 좋은 나라란 어떤 나라일까, 내가 생각에 잠겨 있는 사이 그는 자신이 택시기사이며 저렴한 요금에 좋은 시장까지 태워주겠다고 제안했다. 나는 고개를 흔들었다. 나는 커피를 마셔야 합니다. 그러자 그는 이해할 수 없다는 표정으로 왜 스타벅스에서 비싼 커피를 마실 생각이냐고 물었다. 나는 최소한 두 가지 이유를 들 수 있었지만 영어가 서툴러 포기하고 말았다. 그렇게 실랑이가 벌어지는 사이, 도통 나와 헤어질 생각이 없어 보이는 택시기사의 어깨 너머로 조그만 간판 하나가 보였다. 간판에는 책벌레라고 적혀 있었다. 서점일까, 서점이었다. 서점이라기보다는 차고처럼 보이는 장소였다. 신간과 중고서적이 나란히 진열된 진입로를 지나 안으로 들어서자 직원이 눈웃음으로 맞이했다. 형광등 불빛 아래 긴 책장들이 늘어서 있었다. 자이푸르에서는 어딘가 있기야 했겠지만 짧게 머물렀던 까닭에 슈퍼마켓도, 서점도, 스타벅스도 찾지 못했다. 마침내 택시기사와의 기나긴 논쟁에서 벗어난 내게 책벌레라는 이름의 서점은 맞춤한 도피처로 여겨졌다. 분류체계는 알 수 없었다. 서점 안 서가에도 신간과 중고서적이 구분 없이 꽂혀 있었다. 『젖과 꿀』이라는 제목의 시집을 들었다 놓았다. 인도 정치에 관한 책들은 그냥 지나쳤다. 펭귄클래식에는 따로 서가 하나가 할애되어 있었다. 인도에 왔으니 인도인이 쓴 책을 사서 읽고 싶었다. 내가 문학 행사장에서 본 인도인들은 거의 모두 영어를 모국어처럼 구사했다. 자이푸르에서 만난 인도인 작가들은 거의 모두 영어로 글을 쓴다고 했다. 그들 중 한 사람에게 영어로 쓴 글도 인도문학으로 받아들여지느냐고 물었다. 그는 어처구니없는 질문이라는 표정을 숨기지 못했다. 그는 여섯 가지 언어를 구사할 줄 알았다. 영어, 힌디어, 타밀어, 칸나다어. 다른 두 가지 언어의 이름도 들을 수 있었으나 기억하지 못한다. 그는 이탈리아어나 독일어를 새로 배울 생각이라고 했다. 인도인에게 새 언어를 배우는 건 상대적으로 쉽다고도 했다. 한국에서는 아직까지 한국인이 한국어로 쓰지 않은 글은 한국문학으로 받아들여지지 않는 것 같다고 하자 그는 이해할 수 없다는 표정을 숨기지 못했다. 그런 생각을 하며 서가 사이를 돌아다니다 눈에 띄는 책을 하나 발견했다. 『신음하는 선반』이라는 제목의 책이었다. 저자는 인도인으로, 애서광에 관한 에세이로 보였다. 나는 그 책을 사서 건너편 스타벅스로 갔다. 아메리카노를 주문했으나 딸기우유에 휘핑크림이 올려진 음료를 받았다. 많은 커피를 마시고 싶었으나 딸기우유도 나쁘지 않겠다는 생각이 들었다. 게다가 플라스틱 컵에는 HAN이라고 내 이름이 정확히, 정확히 말하자면 내 성이 정확히 적혀 있었다. 나는 이름 모를 음료를 마시며 『신음하는 선반』을 읽기 시작했다. 헌책방에서 5루피에 보물을 발견하는 저자의 기쁨을 나도 조금은 알고 있었다. 사흘이 지나 벵갈루루를 떠날 때, 나는 왜인지 모를 아쉬움을 느꼈다. 책벌레에 한 번 더 갔어야 했다. 스타벅스에 한 번 더 갔어야 했다. 하지만 대신 나는 해금강이라는 한국식당에 가서 김치찌개를 먹었다. 식사를 하는 동안에도 『신음하는 선반』을 읽고 있었다. 델리로 가는 비행기 안에서도 나는 『신음하는 선반』을 읽고 있었다. 선반이 신음할 수밖에 없는 이유는 책들의 무게 때문이다. 나도 같은 종류의 신음을 내뱉은 적이 있었다. 여러 번. 책을 읽다 까무룩 잠들고 말았다. 깨어보니 비행기는 델리 공항에 도착해 있었다. 짐을 찾으러 가기 전, 세수를 하려고 화장실로 갔다. 수도꼭지를 돌리다가 부주의하게 옆구리에 끼고 있던 책이 하필이면 세면대 안으로 떨어졌다. 『신음하는 선반』이 물세례를 맞으며 신음하고 있었다. 재빨리 책을 건졌으나 일부가 이미 젖어 있었다. 청소용 도구를 정리하던 직원이 한심하다는 표정으로 나를 훑더니 말없이 내게서 책을 걷어가 핸드드라이어 아래로 가져갔다. 나는 그에게서 책을 돌려받으며 연신 고맙다고 했다. 그는 아무런 대꾸도 하지 않았다. 젖었던 부분은 그새 반쯤 말라 있었다. 수화물벨트에서 짐을 찾아 국제선 청사로 가기 위해 건물을 나오니 한낮이었다. 배낭에는 반쯤 읽은 『자살에 관한 노트』가 있었고, 겨울 외투 주머니에는 『신음하는 선반』이 억지로 끼워져 있었다. 나는 항상 주머니가 큰 옷을 입고 싶다는 생각이 있었다. 책을 넣어 다니기 위해서였다.

경이

얼마 전 문학 전공자들이 아닌 이들을 대상으로 귀스타브 플로베르의 『마담 보바리』에 대해 이야기하는 시간이 있었다.

이 소설을 처음 읽었던 건 중학생이었을 때로 기억하는데, 어렴풋하지만 연한 주홍색 표지에 문고본처럼 작은 크기로 나온 판본이었던 것 같다. 보바리 일가 사람들의 성이 "보봐리"로 표기되어 있었을 것이다. 당시 「은하철도 999」를 보려고 보충수업을 빼먹곤 했는데, 그다지 성실한 학생이 아니었으므로 만화영화가 끝나고 나면 달리 할 일이 없어 이 책 저 책 손 가는 대로 읽는 즐거움을 누리고는 했다. 최인호의 『천국의 계단』과 양귀자의 『나는 소망한다, 내게 금지된 것을』도 그때 읽었고, 특히 후자가 청소년이었던 내게도 무척 재미있어서 『모순』과 『원미동 사람들』까지 도서관에서 구해 읽었다.

최근에 소설 수업에서 20대 초반으로 짐작되는 학생이 방학에 『나는 소망한다, 내게 금지된 것을』을 읽었다고 해서 반가웠다. 한참 시간이 지난 지금 읽으면 또 어떤 감상을 얻게 될까? 이반 투르게네프의 『첫사랑』이나 괴테의 『파우스트』도 언젠가 어디선가 들어본 적 있는 세계명작이라 읽었는데, 아마 『마담 보바리』도 그렇게 만났을 것이다. 필독서니 고전이니 하는 목록에 늘 올라 있는 책이었다.

그리고 밤을 새워 읽었다. 읽기는 했다는 말이다. 이 소설의 줄거리는 간명하다. 권태로운 결혼 생활을 이어가던 한 여자가 두 남자와 간통하고 그러는 동안 상당한 빚을 져 파산 위기에 처하자 음독자살한다는 이야기다. 중학생이었던 나는 줄거리는 이해했지만 그 외의 것들을 보지는 못했다. 다만 로돌프 불랑제가 에마 보바리를 유혹해 애인으로 삼은 뒤 헌신짝처럼 버리면서 보내는 편지 말미에 "마지막으로 '안녕히'(Adieu)를 한 번 더, 그러나 이번에는 두 마디로 나누어 '하느님에게'(A Dieu)라고" 적으며 "스스로 생각해도 멋진 취향이라고"* 여기는 대목만은 이상하게도 오랫동안 가끔 떠올랐다. 아무튼, 에마를 결국 나락에 빠뜨리는 계기 중 하나인 허영심을 조금 경계하는 교훈을 얻는 정도에 그쳤을 뿐이었다.

* 귀스타브 플로베르, 『마담 보바리』, 김화영 옮김, 민음사, 2009, 294쪽.

(많이 경계했어야 했는데.)

　몇 년이 흘러 대학교 3학년, 전공이었던 독문학과에 개설된 수업 대부분을 미리 당겨 수강해버리고 시간이 헐렁하게 남는 상태가 되었다. (교양과목 듣는 걸 별로 좋아하지 않았다.) 그래서 이웃이었던 불문학과 수업을 기웃거리기 시작했다. 고등학생 때 제2외국어로 프랑스어를 배웠다는 얄팍한 근거가 있었다. 돌이켜보면 독문과 학생 이름이 적힌 출석부를 대면한 선생님들이 당황하셨을 것 같다. 어쨌거나 나는 열심히 수업을 들으려고, 혹은 따라가려고 노력했고, 그러다 『마담 보바리』를 다시 읽을 기회가 생겼다. 한 번 읽은 책이니 수월하게 에세이 과제를 할 수 있을 것 같았다. 그런데 첫 장부터 어려움이 있었다.

　고전 중의 고전이고 현대 소설이라는 개념을 창조했다는 평가를 받는 이 작품에 내가 무슨 말들을 덧붙일 수 있을까 하는 회의감도 들었고, 무슨 이야기를 하더라도 연구자들을 비롯해 진중한 독서가들이 보기에는 부족하게 느껴질 것 같기도 했다. 하여간 첫 문장 "우리가 자습실에서 공부를 하고 있으려니까 교장 선생님께서 어떤 평복 차림의 신입생과 큰 책상을 든 사환을 데리고 들어오셨다"[*]부터 곤란함을 느꼈다. '우리'라는 인

---

*　같은 책, 11쪽.

칭대명사는 기억에 없었다. '우리'가 누구지? 나는 궁금했다. 그리고 이에 대한 답을 찾기 전에 샤를 보바리(평복 차림의 신입생)가 소지한 그 유명한 모자가 등장했다. 갖은 색깔과 형태, 재료로 이루어진 그 모자에 대한 묘사를 읽다 보면 과연 이런 모자가 세상에 존재할 수 있기나 한 것인지 의문을 가질 수밖에 없다. 거의 한 페이지에 달할 만큼 긴 묘사가 왜 필요했을까? 후에 나는 구글에 샤를 보바리 모자를 검색했고, 프랑스에서 샤를 보바리 모자 그리기 대회 비슷한 것이 있었다는 걸 알게 되었다. 1830-40년대 프랑스는 물론이거니와 사실 나라와 시대를 막론하고 누구도 쓰지 않았을 법한, 아니 아무도 만든 적조차 없었을 법한 모자들이 이미지 검색창을 가득 채우고 있었다.

    그러니 의문이 증폭될 수밖에 없었다. 논문도 여럿 찾아봤지만 내 구미에 맞는 해석은 없었다. (플로베르 본인이 이 모자에 대해 어떤 언급을 했는지까지는 당시에 찾아보지 못했던 것 같다.) 모자 묘사를 읽고 나면 얼마 후 거행된 샤를과 에마의 결혼식에 등장하는, 못지않게 화려한 디테일을 거느린 케이크 묘사는 현실적으로 다가온다. 석고상과 요새가 있고 잼 호수가 고인 케이크가 물리적으로 가능한 형태처럼 느껴진다는 점에서 보바리의 모자가 점하는 이상함의 위상은 대단한 것이다. 제임스 우드는 『소설은 어떻게 작동하는가』에서 이렇게 쓴다. "이 세부사항들은 우리가 까레닌이나 보바리나 프레데리끄의 정부를 '아는' 것을 도와주지만, 동시에 수수께끼를 내놓기도 한다."* 조금 더 인용하자면, "이와 같은 세부사항, 즉 인물 안으로 들어가지만 그 인물을 설명하기를 거부하는 세부사항은 우리를 독자인 동시에 작가로 만든다."* 우드의 논지와는 사뭇 다를 것 같지만, 나는 여기에 책 읽기의 즐거움 하나가 있다고 생각한다.

『마담 보바리』의 1부를 여는 복수 일인칭대명사 '우리'는 샤를 보바리가 학교를 졸업할 무렵 서서히 사라진다. 샤를은 어머니의 바람대로 의과 대학에 진학해 자잘한 기쁨과 슬픔을 경험한 뒤 의사가 된다. 이 소설에는 세 명의 보바리 부인이 등장하는데, 그중 두 번째 보바리 부인과 첫 번째 결혼을 한다. 그리고 에마를 만난다. 루오 영감네 왕진하러 갔다가 푸른색 메리노 옷을 입은 여자를 보고, 그 시점부터 소설의 시점이 온전히 에마 보바리에게로 넘어간다. 세 번째 보바리 부인이다.

그래서 나는 어떤 에세이를 썼을까? 클라우드를 사용하지 않았던 시기였고, 그때 사용했던 컴퓨터가 어떤 기종이었는지 기억이 가물가물하다. 누군가에게 보낸 원고가 아니었기에 메일함에도 파일이 남아 있지 않다. 하

---

* 제임스 우드, 『소설은 어떻게 작동하는가』, 설준규·설연지 옮김, 창비, 2018, 102쪽.
* 같은 책, 102, 103쪽.

잘것없는 감상을 개발새발 썼을 것이다. (괴발개발이 맞는 표현이라고 들었는데, 글자를 아무렇게나 써 놓은 모양이라는 뜻의 이 단어를 나는 자의적으로 사용하는 경향이 있다.) 뭐라고 썼는지 기억나지 않아 오히려 다행이라는 생각이 들기도 한다. 우리나 모자의 수수께끼에 대해 언급하지는 않았던 것 같다. 결론이 없는 이야기였으니까. 결론이란 단어가 나온 김에 이 소설을 마무리하는 문장을 꺼내본다. "그는 이제 막 레지옹 도뇌르 훈장을 받았다."* 여기서 단수 삼인칭 지시대명사 '그'가 가리키는 인물은 약제사 오메다. 어느 해석에서는 '우리'가 혁명 이후 새로운 시대의 주역이 된 부르주아 계층을 대변하며, 그러므로 작품 속에서 가장 세속적인 성공을 거둔 인물들 중 하나인 오메로 소설이 귀결되는 것이 당연하다고 한다. 나는 수긍한다. 에마가 사망한 후 샤를은 생의 동력을 모두 잃고 쓸쓸히 죽어버린다. 거래에 능하지도 수완을 발휘하지도 못하는 사람들은 자본주의가 가속화되기 시작한 시기에 속절없이 비참해진다. 에마는 8000프랑의 어음을 갚지 못해 죽음을 택하는데, 현재 한화로 얼마일지 가늠해보니 2억 원에 조금 못 미치는 액수였다. 에마에게 돈을 융통해준 뢰르의 이름이 프랑스어로 '시간'과 '기쁨'을 동시에 의미할 수 있다는 것도

* 같은 책, 503쪽.

다른 책들을 찾아보고 알았다. 과제에 이런 발견의 결과들을 썼을 것이다. 아닌가? 처음 과제를 했을 때는 책 읽기와 이해에 급급해서 많은 참고자료들을 찾아보지 않았을 수도.

그 후로도 20여 년 동안 스무 번쯤 『마담 보바리』를 재독해왔다. 나이가 많다면 많다고, 적다면 적다고 할 수 있을 텐데 여하간 나이를 먹어가는 즐거움 중 하나가 예전에 읽었던 책을 다시 읽을 때 새로이 발견하게 되는 것들에 있다는 생각이다. 최근에 발견한 수수께끼는 보비에사르 후작의 무도회에 초대된 에마가 보게 되는 장면에 있다. 에마로서는 난생처음으로, 그리고 마지막으로 전통적인 귀족의 저택에서 열리는 무도회에 초대된 것이고, 그가 선망하며 바라보는 인물들이며 그들의 옷차림, 집기들, 음식들 역시 플로베르 특유의 집요한 디테일 묘사로 마치 초과된 현실처럼 그려진다. 그러다 무도회장 공기가 탁해지고 "하인 하나가 의자에 올라가서 유리를 두 장 깨뜨렸다."* 하인은 왜 유리를 깨뜨렸을까? 신선한 외부 공기를 안으로 들이기 위해서라는 추측이 가장 타당해 보인다. 하지만 창문을 여는 편이 낫지 않았을까? 나무 따위로 만든 덧창만 있고 유리를 끼운 창은 여닫을 수 없던 시절이었을까?

* 같은 책, 80쪽.

얼마 전, 같은 질문을 서두에 언급한 자리에서 했다. 내게 주어진 시간이 끝나갈 무렵, 한 사람이 손을 들고 이 질문에 자신의 해석을 내놓았다. 당시에는 여닫을 수 있는 방식의 유리를 끼운 창이 없었을지도 모르겠다고 했다. 그런데 그보다 중요한 것은 시대와 문화가 다른 소설들을 읽을 때마다 이와 유사한 형태의 질문이 떠오를 때가 많은데, 이에 대한 답을 스스로 이리저리 궁리해보는 과정이 어렵지만 재밌다는 점 아니겠냐고 했다. 나는 고개를 끄덕였다. 다른 사람도 손을 들었다. 그는 이렇게 말했다. (시작하면서 나는 『마담 보바리』가 탄생하게 된 계기가 플로베르의 친구였던 루이 부이예가 실제 있었던 '들라마르 부인 사건'이 실린 신문 기사를 전해주면서부터였다고 말했다.) 요는 『마담 보바리』가 실화를 바탕으로 한 허구인데, 실제로 있음직하지 않은 모자를 첫머리에 등장시켜 앞으로 이어질 내용이 실제인지 허구인지 독자로 하여금 알쏭달쏭하게 만들려는 의도가 있지 않았을까 한다는 것이었다. 나는 고개를 끄덕였다. 두 논평 모두에 깊이 고개를 숙여야 할 것 같았다. 나는 감동했다. 내가 이제껏 질문을 한 차례 상정하고 그 후에는 질문 자체를 숙고하기보다는 그럴듯한 답 찾기에만 골몰해왔으며, 심지어는 답마저도 스스로 정해둔 틀 너머로 보내보려고 하지 않았다는 생각이 들었던 것이다. 나는 참석자들에게 진심으로 감사했다.

한 시간 정도 진행된 짧은 강연이었기에 더 많은 질문을 나눌 수는 없었다. 좀 더 여유가 있었더라면 약제사 오메가 자녀들의 이름을 각각 프랭클린, 나폴레옹, 이르마, 아탈리로 지은 이유나 소설 속 여자들이 피아노 교습을 핑계로 합법적인 외출을 하는 장면, 방직공장으로 가게 된 에마의 딸 베르트와 베르트(Berthe)라는 이름, 이름 때문에 떠오른 『광막한 사르가소 바다』와 『제인 에어』의 버사(Bertha), 볼프강 보르헤르트의 단편집에 등장하는 베르타(Bertha) 총기들, 자신의 욕망을 세상에 관철시키고자 하는 의지도 수단도 없는 사람들과 기타 등등에 대해 이야기하며 수수께끼를 풀어나갔을 것이다.

그리고 나는 이 글을 쓰면서 『마담 보바리』를 다시 들춰본다. 세월에 따라 여러 판본으로 갖고 있지만 주로 참고하는 건 민음사판이다. 여러 번 읽어서 그런지 제본이 헐거워졌고 몇몇 페이지는 책에서 탈출하기 직전이다. 표지에는 손때가 묻어 있다. 군데군데 접힌 자국들도 있다. 나는 아무 페이지나 펼치고, 놀랍게도 어디를 펼치건 수수께끼들이 튀어나온다. 이것은 첫 번째 경이다. 그리고 두 번째 경이는 이 수수께끼들에 대해 다양한 사람들이 내놓는 다양한 답변들이다. 그리고 아직 발견되지 않은 세 번째 경이도 있을 것이다. 나는 그것을 기다린다.

독서와 비독서 사이

이 책을 쓰는 동안 글이 막힐 때마다 과거의 나에게 혹시 도움을 받을 수 있지 않을까 싶어 하드디스크와 메일함을 가끔 뒤져보고는 했다. (실은 현재형이다.) 나는 어째서인지 소설이건 잡문이건 전혀 정리를 해두지 않는데, 스스로도 약간 분석이 필요하다고 생각하지만 해본 적은 없고, 옛 글에서 어떻게든 힌트를 얻고자 할 때마다 곤란을 겪는 일이 반복된다. 이번에도 그렇다. 언젠가 헤르타 뮐러의 『숨그네』나 『마음짐승』에 대해 특유의 시적 논리로 구성되는 문장에 대해 썼던 것 같은데…… 『80일간의 세계 일주』에서 포그 씨가 전 세계에 뿌리고 다니는 돈의 현재 가치에 대해 쓴 적이 있는데…… 하지만 원고를 찾을 수가 없다. 대신 어느 잡지에 당시 읽고 있던 책들의 흥미로운 구절들을 옮겨 적은 메모를 다듬어 쓴 "미래의 독서"란 제목의 글이 발견된다.

몇 년 전의 나는 나름대로 다양한 책을 읽고 있었던 것 같다. 다와다 요코의 『영혼 없는 작가』나 로지 잭슨의 『환상성』 등이 적혀 있다. 그런데 어느 해 3월 3일에 읽고 수첩에 수기로 옮겨둔 이런 구절, "메니피아는 지상과 지하 그리고 천상세계를 쉽게 이동하고, 과거와 현재와 미래를 하나로 결합하며, 죽은 사람과의 대화를 허락한다"*의 경우, 왜 따로 적어뒀는지는 알 것 같지만(유령의 목소리와 변신에 대해 많이 궁금했다), 실은 『환상성』을 읽었다는 기억 자체가 사라지고 없었고, 메니피아라니, 이 글을 쓰는 지금도 생전 처음 접하는 개념 같아 얼떨떨하다.

그러다 책 한 권이 새삼 생각이 났다. 피에르 바야르의 『읽지 않은 책에 대해 말하는 법』이다. 언젠가 『마담 보바리』나 『적과 흑』, 『내가 죽어 누워 있을 때』처럼 소위 고전이라 불리는 문학 작품을 일주일에 한 권씩 읽고 대화를 나누는 수업을 한 적이 있는데, 아무래도 학생들은 매주 장편 소설을, 그것도 외국 소설을 꼬박꼬박 읽어 오기 어려워했다. 학기가 시작되고 첫 달이 지나 계절의 변화가 완연해질 무렵이면 완독률이 저조해지기 일쑤였고, 당시 이에 대해 나름대로 고심하다 발견하게 된 책이었던 듯싶다. (기억이 희미하지만 종로 영풍문고

* 로지 잭슨, 『환상성』, 서강여성문학연구회 옮김, 문학동네, 2007, 25쪽.

에서 이 책을 샀을 것이다. 언제나 오프라인 서점에서 책을 구입하던 시절의 어느 시점에, 교보문고도 가고 영풍문고도 갔지만, 영풍문고와 연결된 전철역에 분식집이 있어 책을 사서 분식집에서 김밥이나 라면을 시켜놓고 펼쳐보는 습관이 한동안 강고하게 자리 잡고 있었다.) 그래서 한동안 개강 첫 주에 이 책을 같이 읽었다. 책을 읽지 않고도 말할 수 있다니, 내 수업에 맞춤한 책처럼 여겨졌고, 실제로도 얼마간 내 기대에 부응했을 것이다. 그만두고 10여 년 이상이 지났지만 나는 그 수업을 아직도 무척 소중하게 기억하고 있는데, 책에 대해 누구나 자유롭게 심지어는 아무렇게나 이야기할 수 있다는 것이 기뻤던 것 같다.

내게 적절한 도움을 주었던 피에르 바야르는 파리 8대학 프랑스문학 교수이고 정신분석학자라고 한다. 여기서 다소 선입관이 반영된 추측 하나. 직업 특성상 수없이 많은 책을 읽은 이들이 그의 주변을 에워싸고 있을 것이다. 과연 그렇다. 작가는 서론에서부터 허구한 날 책 이야기를 해야 하는 곤란을 토로한다. "대학에서 문학을 강의하는 처지이기에 사실 나는 이런저런 책들에 대한 이야기를 하지 않을 수 없는데, 그 책들은 대부분 내가 펼쳐보지도 않은 책들이다."* 바야르는 자신이 프루스

* 피에르 바야르, 『읽지 않은 책에 대해 말하는 법』, 김병욱 옮김, 여름언덕, 2008, 11쪽.

트를 읽은 적이 없으며 앞으로도 읽지 않을 것이라고 공언하는데, 『잃어버린 시간을 찾아서』를 완독한 이들을 세 명 알고 있는 나로서는(셋 중에 나는 미포함이다), 이 대목에서부터 저렇게 당당하게 안 읽는 사람이고 싶다고 생각하게 된다. 이후 로베르트 무질의 『특성 없는 남자』(다행히 읽었다)에 등장하는 책을 한 권도 읽지 않는 사서, 마르셀 프루스트나 아나톨 프랑스를 읽지 않고 그들에 대해 논평하는 폴 발레리 등이 이어지면서 책을 안 읽어도 그만이라는 주장을 하려는 겐가 의심이 피어오른다. 그러나 이후 보편성이라는 것이 어느 진영에서의 환상은 아닌지, 토씨 하나 틀리지 않고 기억할 수 없고, 내가 이 책에서 수없이 반복해온 말처럼 "기억이 안 나는" 책들을 과연 읽었다고 할 수 있는지, 물리적인 행위로서 읽기야 했겠지만 기억이 나지 않는다면 그 행위가 현재 대체 어떤 의미가 있는지에 대해 어깃장을 놓는 언급들이 이어진다.

    어제는 누군가로부터 최근 『전쟁과 평화』를 읽었다는 얘기를 들었다. 우리의 대화는 종잡을 수 없이 뻗어나가 찰스 다윈의 『종의 기원』과 다와다 요코의 『용의자의 야간 열차』로까지 이어졌는데, 내가 확실히 읽었다고 할 수 있는 건 마지막 책뿐이다. 『종의 기원』을 어린 시절 『파브르 곤충기』와 함께 아마도 아동용 축약본으로 읽었을 텐데, 기억나는 건 갈라파고스라는 신비로운 지명 말고는 없다. 자연 선택이니 도태니 하는 개념은 파악했거나(아니겠지만), 혹은 그렇다고 믿거나, 이해를 포기했을 텐데, 세부사항들은 모조리 휘발되고 없다. 『전쟁과 평화』의 경우에는 읽었다고 말하기 더욱 까다로워서, 실은 한두 페이지라도 읽었는지, 표지를 본 건 분명히 기억하지만, 뭐라 말하기가 힘들다.

단편적인 예를 들었지만 읽었던 책들 중 명확한 기억을 갖고 있는 건 드물다. 나는 보르헤스 단편집을 전부 읽었는데(물리적인 행위가 실제로 이루어졌다는 건 사실이다) 특히 「알레프」라는 작품을 각별히 여긴다. "나야 나, 보르헤스란 말이야"라는 작중 인물의 대사가 시도 때도 없이, 그것도 맥락 없이, 전철을 타러 급히 발걸음을 옮기고 있거나 엘리베이터를 기다리는 도중에 떠오르기 때문이다. '알레프'라는 일종의 공간 혹은 물리적 상태에 대해서보다도. 그러나 이것이 보르헤스의 빼어난 단편을 읽었다는 방증이 될 수 있을까? 누군가는 그렇다고 할 것이고, 나도 어느 정도 같은 생각이지만, 그럼에도 불구하고 과연 "진짜로" 읽었다고 할 수 있는지에 대해서는 의문을 금할 수 없다.

레프 톨스토이의 다른 작품들 중에서 『안나 카레니나』는 비교적 최근 다시 읽을 일이 있었다. 한 한국문학 번역가와 대화를 나누다 그가 했던 질문, "어째서 근대 소설들의 여자 주인공들은 대부분 비극적인 죽음을 맞이할까요?"에 대해 혼자 생각해보다 집어든 책이었다. 시골 귀족으로 등장하는 레빈의 개, 라이카가 잠시 누리는 삼인칭 관찰자 개 시점에 대해 뭔가 써보고 싶기도 했다. 그리고 안나의 최후를 확인한 뒤, 책장을 덮고 잠시 잊고 있었다. 그러다 앞서도 언급했던 책 『소설은 어떻게 작동하는가』를 다시 읽다가 저자가 톨스토이에 대해 상찬하는 [톨스토이는] "작가의 전지성에 관한 고전적 관념에 가장 근접한 경우로, 롤랑 바르뜨가 '참조약호'라고 부른 글쓰기 양식을 대단히 자연스럽고 권위 있게 사용한다"*는 대목에서 내가 과연 무엇을 읽었는지, 읽었다고 할 수 있는지에 대해 회의하게 되었다.

바야르의 『읽지 않은 책에 대해 말하는 법』이 정말로 책을 읽지 않고 이야기할 수 있다고 말하는 것 같지는 않다. 내가 파악한 요점 중 하나는 전체적인 맥락을 살펴보자는 것이다. 작가는 그러면서 정말로 책을 읽는다는 건 무엇인지, 다소 과장이 섞였겠지만 어쩌면 비독서가 진정한 독서로 이어지는 건 아닌지 묻고 있다. 비슷한 시기에 내가 같은 작가의 『예상 표절』과 『누가 로저 애크로이드를 죽였는가?』도 읽었던 건 확실하다. 그러나 소위 전체적인 맥락만 기억날 뿐, 세부사항들은 전부 희미해져버렸다. 앞서 언급했던 책 『신음하는 선반』에서 작

---

* 제임스 우드, 『소설은 어떻게 작동하는가』, 설준규·설연지 옮김, 창비, 2018년, 18쪽.

가는 "진정한 독자는 다시 읽는 사람이라고 늘 생각해 왔다"*고 쓴다. 이렇게 단언하듯 말하는 이유를 알 것도 같다. 다시 읽을 때 발견되는 것들이 있다. 실은 대단히 많다. 시간이 흐르면서 나는 전과는 다른 사람이 된다. 좋은 쪽이라면 여러 경험을 하며 세상을 이해하는 폭이 조금쯤 넓어졌을 수도 있고, 상식이 추가되었을 수도 있다. 나는 모든 종교에 대한 지식이 없다시피 한데, 특히 서구 소설들을 읽을 때 기독교와 관련된 내용들이 내 기준에서는 과도하게 등장하기 시작하면 따라가기가 버겁다. 그러나 내년의 나는 관련 지식들을 좀 탑재했을 수도 있다. 이전 독서에서는 주목하지 않았던 세부사항들이 갑자기 눈에 띌 수도 있을 것이다. 세바스찬은 "[재독에 나선] 수많은 사람들이 첫 독서에서 놓친 것들이 얼마나 많았는지에 대해, 두 번째 읽을 때 그것들이 얼마나 풍성하게 다가오는지를 깨닫고 놀라워한다. 변한 건 우리일까, 책일까? 책이 우리의 경험을 바꾸듯 우리 경험도 책을 바꾸는 것인지도 모른다"라고 쓴다. 나는 고개를 끄덕인다. 우리는 변화한다. 그 과정에서 어쩌면 오늘 이해하지 못하는 것을 내일 이해하게 될 테다.

* Pradeep Sebastian, *The Groaning Shelf*, Hachette India, 2010, p. 196.

몰입

몇 주 전에 한 학생의 추천으로 김연수의 「달로 간 코미디언」을 같이 읽었다. 예전에 읽었던 작품이었는데 다시 읽으니 역시나 새롭게 보이는 것도 많았고 거듭해서 상념에 빠지게 되는 대목들도 있었다. 그러다 내가 열아홉, 스무 살 무렵이었을 때 같은 작가의 단편집을 귀갓길 전철에서 읽다가 읽기를 중단하고 싶지 않아 종점까지 갔던 기억이 났다. 『스무 살』이었다.

    구체적인 내용들은 잊었다. 다만 6호선 봉화산역 승강장 벤치에 앉아 남은 페이지들을 마저 읽고 막차를 타고 집으로 돌아왔던 기억은 분명하다. 그때 나는 할머니와 함께 6호선 석계역 인근에 살았는데, 역에서 집까지 15분 정도 소요되는 길을 걷는 동안 그날 읽었던 몇몇 문장을 가로등 불빛 아래에서 곱씹었던 경험을 여전히 소중하게 간직하고 있다.

그런 것이 몰입일까? 산만해지고, 두서없고, 한동안 약까지 처방받아 먹었을 정도로 통합된 사고체계를 구축하는 데에 일정 기간 실패를 겪어온 지금의 나는 몇 시간이고 한 권의 책에 붙들려 활자 하나하나를 집어삼키듯 읽는 경험을 하기가 좀 힘들어졌다. 병원에서 성인 ADHD와 더불어 우울감과 공황장애를 진단받은 뒤로 내 상태를 규정하는 굳건한 명사를 부여받아 다행이라는 생각과 함께, 한 번에 두세 권의 책을 동시에 읽거나 아주 오랫동안 한 권도 읽지 않는 상태를 지속하는 상황에 임상적 정당성이 부여되고 만 것 같아 위기감을 느끼고 있다. 셋 모두 현대인의 흔한 질병이고 증세라지만, 시도 때도 없이 책장을 덮고 인터넷이나 유튜브 영상을 기웃거릴 때마다 내가 진단명에 기대어 교정의 의지를 잃어버린 건 아닌지 걱정이 된다.

　기꺼이 몰입했던 기억을 되살려보면 도움이 되려나. 그래서 생각해봤다. 앞서 말했던 『스무 살』이나 작가의 다른 책 『7번 국도』, 배수아의 『동물원 킨트』와 『일요일 스키야키 식당』을 아껴가며 읽었던 기억. 대학교 도서관에서 성석제의 어느 소설집(불행히도 제목이 기억에 없다)을 읽다가 제어할 수 없는 웃음을 터뜨리는 바람에 입을 틀어막고 열람실에서 도망치듯 나왔던 기억. 소장하고 싶었지만 책값이 당시 주머니 사정에 비해 비싸서 도서관에서 하루에 한 챕터씩 읽었던 메를로-퐁티의 『지각의 현상학』(후에 일종의 보복소비로 구매해 지금은 갖고 있다) 페이지를 한 장씩 넘길 때마다 설레고 설레었던 기억. 토머스 하디의 『테스』를 처음 읽었던 고등학생 때, 학교 도서관에서 대출해 말은 자율이지만 실제로는 강제였던 자습시간에 사물함 위에 펼쳐놓고 선 채로 단숨에 읽어내렸던 기억. 내가 교실에서 신발을 신고 있었다는 이유로 주먹으로 뺨을 후려쳤던 담임선생도, 매점에 가자며 속삭이던 친구들도 침범할 수 없었고, 심지어는 귀가를 알리는 종소리도 아무렇지 않았을 정도로 읽기에 몰두했던 기억. 나는 순순히 책에 빠져들곤 했다.

 나는 서서 읽었고, 앉아서 읽었고, 누워서 읽었다.
 전철에서 읽었고, 벤치에서 읽었고, 후에는 가끔 비행기에서 읽었다. 버스에서는 읽지 않았다. 멀미가 심해서였다.
 식당에서 읽었고, 카페에서 읽었고, 공원에서 읽었다.
 강의실에서 읽었고, 광장에서 읽었고, 술집에서 읽었다.
 방에서 읽었고, 도서관에서 읽었고, 계단에서 읽었다.
 잠들기 전 읽었고, 드물지만 일어나자마자 읽었고, 주로 끝없이 읽었다. 서울아트시네마에서 상영했던 마르그리트 뒤라스의 영화들 중 「아가타의 끝없는 독서」라는 영화를 단순히 제목에 홀려 봤던 기억이 난다. 내용은 잊었다.

모든 학교를 떠나고 나니 강제로 전업 생활인이 될 수밖에 없었고, 삶에 들어가는 비용을 충당하기 위해서라도 예전처럼 독서에의 몰입을 만끽할 수만은 없게 되었다. 더 심각한 건 그러는 도중에 내가 작가가 되었던 것이다. 나는 초보 소설가였고, 실제 나이가 어리기도 했고, 지금도 그렇지만 여러 면에서 미숙했다. 소설이란 이런 것이다, 라고 다소 강압적으로 주어지는 명제들 사이에서 나는 갈피를 잡아야 했다. 잡고 싶지 않았지만 모두들 그래야 한다고 했다. (나는 휘둘리는 편이다.) 그 여파는 심각했는데, 예전처럼 마냥 읽는 행위를 즐길 수 없게 되었던 것이다. 의미를…… 상징을…… 의도를…… 형식을…… 역사를…….

처음에는 약간 슬픈 일이라고 생각했다. 지금은 아니다. 그날의 몰입을 오늘 바랄 수는 없다고 차츰 생각이 바뀌었다. 이제는 다른 형태의 몰입이 있다. (그것을 몰입이라고 부를 수 있기를 바랄 뿐이다.) 때로는 휴대폰 감옥이라는 물건을 구입해야만 하는 몰입, 읽다 말다 읽다 말다가 반복되는 동안 그래도 한 줄이라도 읽었으니 다행이라고, 그 순간만큼은 몰입했다고 말할 수 있는 몰입, 그 정도라도 나쁘지 않다는 생각이 든다.

대학 시절 들었던 어느 수업은 한 주에 한 편씩 소설이나 영화를 보고 감상문을 써서 제출해야 하는 것이었다. 한 꼭지가 호메로스의 『오디세이아』였다. 나는 읽었다. 재미있었다. 특히 나디아와 키르케의 이야기가. 개발괴발 쓴 에세이를 제출했다. 개별적인 피드백은 없었다. (다행이다.) 이어진 수업에서 선생님께서는 이런 요지로 말씀하셨다. 너희가 이 기회가 없었더라면 평생 『오디세이아』를 읽을 일이 없을지도 모른다. 읽을 수 있을 때 읽어라. 가능하다면 같은 작가의 『일리어드』도 읽는다면 좋겠다. (앞에서도 썼던 얘기지만 반복해본다.)
　진지하게 하는 말에는 어떤 예언의 효과라도 있는지, 과연 나는 아직까지 『일리어드』를 읽지 않았다. 필요에 의해 발췌독을 했을 뿐이다. 그러나 난생처음으로 『오디세이아』를 읽으면서 그간 「신비한 바다의 나디아」나 미야자키 하야오의 애니메이션들에서 간접적으로 본 인물들의 원형을 새로이 발견하면서 느꼈던 희열, 90년대 후반에 히트 쳤던 남성용 화장품의 광고 카피 "누구의 남자인가, 오딧세이"에 대한 우스꽝스러운 개인적인 답변(페넬로페, 마음대로 하세요), 당시 작품들이 공유하는 엄격한 형식들에 대한 감상 등에 대해서는 그때 경험해서 다행이라 생각한다. 앞으로도 이에 필적하거나 내용은 다를지언정 본질적으로는 유사한 강도의 경험을 독서를 통해 할 수 있을 것은 분명하다.

나는 『일리어드』를 읽을 것이다.

『광란의 무리를 뒤로하고』도 읽을 것이다.

『잃어버린 시간을 찾아서』도 완독할 것이다.

경이로운 순간들을 발견하는 데 기꺼이 나설 것이다.

어떤 형태로건 몰입할 것이다.

무인도에 가져갈 책

조금 부끄러운 취미라고 생각해서 잘 말하지는 않지만 그렇다고 아주 부끄러운 일은 아니라고 생각해서 써보자면, 나는 생존가방을 꾸리는 취미를 갖고 있다. 왜 부끄럽다는 형용사를 동원하고 있는지는 스스로도 모르겠다. 아무튼 이에 대해 얘기할 때마다 상대방의 반응과는 관계없이 혼자 머쓱해지고는 한다.

나일론 재질의 가벼운 가방에는 손전등과 건전지 크기별로 몇 개씩, 정수 알약, 20년쯤 전에 구입한 것 같은데 연식이 오래되어 성능이 유지되고 있을지 미심쩍은 군용 정수 물통, 연필(한창 우주 개발에 열을 올리던 시기, 미국이 우주에서도 사용할 수 있는 볼펜을 개발하려고 애쓰고 있을 때 소련에서는 '연필을 쓰면 되지 뭐 하러' 하는 반응을 보였다는 얘기를 들었고 마음에 들었다), 바람막이, 가벼운 신발 한 켤레, 사탕 몇 알, 유통기

한이 한참 지났을 전투식량 두 개가 들어 있다. 태양광으로 충전할 수 있는 보조배터리도 넣고 싶지만 소위 가성비를 충족시키는 제품을 아직 발견하지 못했다. 음식을 더 넣어볼까 고민했지만 과연 절체절명의 순간에 한두 끼 더 먹는 것이 무슨 의미가 있을까 싶어 그만두었다. 그리고 최근 추가된 품목이 있다. 절연테이프다.

마르그리트 뒤라스를 언제 처음 읽었을까? 교복을 입던 시절이었던 것 같다. 맨 처음 접한 작품이 『연인』인 것은 확실하다. 다른 작가들과 함께 쓴 『술과 농담』이라는 책에도 썼지만, 어릴 때 살던 집 근처 비디오가게 벽에 영화 「연인」의 포스터를 오면가면 몇 년이나 봐서 궁금했던 책이었다. 그렇게 나는 뒤라스의 세계에 진입했고 한동안 나오지 않았다. 대학에 다닐 때 도서관에서 빌려 읽었던 그의 책 중에 지금은 『글』이라는 단순한 제목으로 재출간된 에세이가 있었다. 지금의 개정판이 원제 "Écrire"를 그대로 살린 것이고, 나는 『고독한 글쓰기』라는 제목으로 읽었던 것 같다. 그리고 내 기억에는 작가가 어느 아이에게 글을 어떻게 쓰는 것이냐고 묻자 아이가 종이 위에 쓰는 거라고 대답했던 장면이 있었던 것 같은데…… 이와 똑같진 않더라도 상당히 유사한 장면이 있었던 것 같은데…… 빌려 읽었던 책이라 소유하고 있지 않아서 확인할 수는 없고, 일단 소유하고 있는 『글』에서 해당 장면을 찾아보았으나 찾지 못했다. 내 상상이나 착각이 만들어낸 장면일지도 모르겠다. 다른 책이었을 수도 있고.

또 하나. 언젠가 여성과 자동차와 비행기에 관해 뭔가 써보고 싶어 관련 자료를 수집하던 중, 뒤라스의 어느 소설에서 주인공이 새로 산 자동차로 시속 80킬로미터였나 80마일이었나로 달리는 이야기를 본 기억이 나 원문을 찾아보려고 몇 번 시도했지만 아직 찾지 못했다는 이야기도 있다. (80킬로미터로 희열까진 느끼지 않을 것 같으니 아마 80마일이었을 텐데, 유럽에서도 마일 단위를 쓰나? 나는 뭘 읽은 것일까?) 뒤라스의 모든 작품이 단일한 세계를 구성한다고 생각하는데, 그래서인지 이 책에서 읽었던 문장이 저 책과 결부되어 기억되기도 하는 등 뒤죽박죽 섞여 있다. 그냥 읽기만 한다면 괜찮지만 지금처럼 정돈해서 글로 써보려고 할 때는 약간 문제가 된다. (내 문제라는 얘기다.)

"무인도에 가져갈 책"이라는 제목을 써놓고 뒤라스 얘기만 한참 하고 있다. 내가 절연테이프를 생존가방에 넣게 된 이유가 뒤라스의 『물질적 삶』을 읽었기 때문이라는 걸 밝히고 싶어서였는데, 이 책을 친구에게 빌려줬던 것 같은데 그게 누구였는지, 진짜 빌려줬던 일이 있긴 한지 지금으로서는 도통 모르겠다. 확실한 건 책이 내 방에 없다는 것이고, 그래서 절연테이프가 『물질적 삶』에 등장하는 부분을 찾아 인용할 수가 없다. 아무튼 이 책에서 작가가 절연테이프가 주는 안도감에 대해 말했던 건 확실하다. 아닐 수도 있지만, 아닐 수도 있어서 초조하기보다는 구멍투성이 독서의 즐거움을 알리는 차원이 될 수도 있으니 없는 책을 당장 구태여 찾아보지 않기로 한다.*

이제 무인도에 가져갈 책을 골라보자. (언제 처음으로 이 주제에 대해 들었지?) 어렸을 때는 『톰 소여의 모험』과 『꿈나라에서 얻은 새알』 등이었을 것 같고, 고등학생이었을 때는 『백 년 동안의 고독』과 『코인로커 베이비스』, 그리고 『불의 강』 등이었을 것이다. 그리고 시간이 흘렀다. 그간 『백 년 동안의 고독』을 서너 번 읽었을 텐데, 매번 첫 독서에서 느꼈던 매혹의 감정들이 떠오르고는 했다. 문장이 왜 이리 길고 복잡하고 구불구불하지? 이름들은 또 왜 이렇게 여러 개일까? 후에 마술적 사실주의라는 개념을 배우기 전, 기나긴 이야기가 제공하는 매력이 너무나 황홀해서 이 책이라면 스물다섯 번쯤 반복해서 읽어도 좋겠다고 생각했던 것 같다. 『코인

---

* 다시 원고를 들여다보는 와중에 책의 행방을 수소문했고 친구가 빌려갔다는 걸 알게 되었다. 돌려받은 책을 샅샅이 살펴보니 64쪽에 늘 구비하는 품목들의 목록이 있다. 전구, 식용유, 네스카페 등과 더불어 절연테이프도 있다. 하지만 정확히 절연테이프가 제공하는 안도감에 대한 이야기는 없으니, 아무래도 내가 지어낸 모양이다. "확실하다"라는 표현을 섣불리 쓰는 게 아니었는데……

로커 베이비스』의 경우, 동네 도서관에서 빌려 읽었기에 한 번의 읽기로 끝났다. 해서 대부분의 내용을 잊었는데, 주문처럼 되뇌어지는 "다튜라"라는 단어와 작품 특유의 어두운 분위기가 사춘기를 갓 지난 청소년에게 어쩐지 멋있게 느껴졌을 것이다. 『불의 강』은 내가 처음 읽은 오정희의 소설집이었다. 아름답고도 때로 서늘한 문장들을 오래오래 곱씹고 싶었다.

이후 나는 무인도에 가져갈 책 목록을 업데이트하지 않았다. 생존가방에 최대한, 가능한 한, 아무리 많은 전투식량을 집어넣더라도 파국이 종결되지 않는다면 한두 끼 더 먹고 생을 끝낼 수밖에 없는 경우에 대한 문제의식이 있었고, 어느 순간 『백 년 동안의 고독』이 다시 읽어도 예전만큼 재미가 없어져서이기도 했다. 읽는 책들의 범위가 넓어지기도 했다. 『검은 사슴』이나 『미쳐버리고 싶은, 미쳐지지 않는』도 가방에 넣어야 했고, 『마담 보바리』나 『농담』도 넣어야 했다. 요는 생존가방의 용적률에 한계가 있는데 그 안에 거대한 도서관을 차릴 수는 없는 노릇이었다. 무인도에 제트기를 몰고 가서 직접 도서관을 짓는다면 모를까. 그 전에 활주로부터 건설해야겠지만.

하지만 순전히 재미로 무인도에 가져갈 책 다섯 권을 골라본다면? 나는 생각한다. 시간이 지난다. 어려운 질문이다. 안 읽은 책을 가져가는 것이 나을까? 그렇다면 선택하기가 좀 더 쉬워진다. 책장을 한 번 훑기만 해도 50권쯤은 추릴 수 있다. 아니다, 절대로 쉽지 않다. 범위가 너무 넓어지는 까닭이다.

 그래도 한두 권 정도는 선택할 수 있을 것 같다. (옥편을 같이 챙겨야 하겠지만) 외할아버지가 남겨주신 『고문진보』라면 한 30년 읽을 수 있겠지. 하나를 더한다면 대학 시절 생일에 동아리 선배가 선물해준 『괴델, 에셔, 바흐』도 나쁘지 않을 것이다. 당시 이해하기 어려웠던 책을 지금이라고 해서 제대로 읽어낼 수 있을 리 없지만 이해할 수 없는 것을 이해해보려고 시도하는 과정 자체가 무인도 생활의 무료함을 버티게 해줄 것 같기도 하다. 그런데 문득 의외로 무인도에서 읽을 것이 많을지도 모르겠다는 생각이 든다. 바람의 방향, 햇빛의 기울기, 구름의 모양, 새가 날아가는 궤적 따위를. 밤에는 별자리를 읽고 풀벌레 울음소리를 읽어낼 수 있다면. 지나치게 낭만적인 공상이지만. 그래도 아무리 읽을 것이 없더라도 읽고자 하는 사람은 무엇이건 읽으려고 한다는 것이 어린 시절부터 지금까지 읽어온 수없이 많은 책들이 내게 간접적으로 알려준 사실 중 하나다.

버리지 못한 책들

최근 몇 년 간 내가 골몰하고 있는 일들 중 하나는 책 버리기다. 책을 좋아하거나 책과 관련된 일을 하는 사람들은 대개 나처럼 사방 벽이 책들로 에워싸여져 있을 것이다. 벽이 네 개라면 다행인데, 보통은 창문과 문, 옷장이나 기타 생활에 필요한 가구나 물품들이 벽 두어 개를 차지하고 있기 때문에 어떻게든 머리를 굴려 찾아낸 빈 공간마다 책들이 들어차 있고, 이들은 사계절이 뚜렷한 이 나라에서 단열재 역할을 하다 그 주인에게는 호흡기 질환을 일으킨다.

어려서 우연히 본 단막극에서(아쉽게도 제목이나 내용, 출연한 배우 등에 대해서는 전혀 기억나지 않는다) 단칸방 한쪽 벽에 아슬아슬하게 책들을 쌓아두고 살던 사람이 한밤중에 책들이 무너지면서(지진이었나? 살인이었나?) 압사당해 사망하는 사건이 있었다. 80년대 말이나 90년대 초였는데 나와 동생이 쓰던 방에도 서민층의 포부와 기개를 보여주는 책들(주로 동화책)이 상당히 꽂혀 있었으므로, 책장이 잠자리 맞은편에 있었음에도 불구하고 나는 가끔 이불 밖으로 빠져나온 발이 잘리지 않을까 하는 두려움, 잠든 동생의 팔이 내 얼굴을 무심코 가격해 코피를 흘리지 않을까 하는 두려움, 그리고 책들이 무너져 나도 화면 속 어느 불행한(이제 와 생각해보면 행복했을지도) 인물처럼 이른 나이에 사망하지 않을까 하는 두려움과 희망을 품고 잠들곤 했다. 그 방에서 12년을 잠들었고, 어릴 때부터 올빼미 유형이었던 나는 가끔 잠이 오지 않는 한밤중에 이불을 뒤집어쓰고 손전등을 켠 채 책을 읽고는 했다. 오후 만화영화가 끝나면 할 일이 없었던 시절이라 딱히 내가 남다른 독서광이어서 손전등까지 동원한 건 아니었을 것이다. 학교에서도 집에서도 독서가 장려되었다. 아무 책이나 닥치는 대로 읽다 보면 크게 성공할 수 있다는 이야기를 많이도 들었다. 텔레비전에서 만화영화로 제작된 「두 도시 이야기」를 보다가 혼난 아이가 같은 작품을 책으로 읽으면 칭찬을 들었다. 언니가 여럿인 친구 집에 놀러갔더니 작고 얇은 책들이 가득 쌓여 있었다. '시집'이라는 단어를 그때 처음 들었다. 지금과는 달리 많은 사람이 책을 많이 읽던 시대였다.

    집에는 활판인쇄로 제작된 위인전집이 있었는데, 어

느 시기에 그 책들은 모두 버려졌지만 거기서 장개석(장제스)이나 김옥균, 김활란 같은 인물들의 이야기를 읽었다. 수채화 느낌이 감도는 청록색 표지에 자주색 글씨로 제목이 적혀 있었고, 가끔 식자공이 깜박 졸았는지 글자 하나가 90도나 270도로 돌아가 찍혀 있기도 했다. 김활란에 대해서는 한참 시간이 지난 뒤에야 다른 인식을 갖게 되었는데, 위인전 속 김활란은 그야말로 위인이었고, 첫 페이지부터 그가 일본 순사들에게 고문을 받는 장면으로 시작하고 있었다. 나는 그 장면을 여러 번 읽으며 이 위인전을 집필한 저자는 이미 죽고 없는 김활란이 당시 고문을 받으면서 했던 생각을 대체 어떻게 아는 걸까 궁금해했다. 친구인가? 친구라면 직접 들었을 수도 있지. 그러나 좀 더 앞선 시대를 살았던 인물들, 그러니까 황희나 김유신 같은 인물들이 친구나 동료 들과 나누었던 내밀한 대화 따위를 저자들이 어떻게 아는 것인지는 도무지 알 수 없었다.

    이것이 내가 책을 읽으며 처음으로 했던 질문일까? 지금으로서는 기억나지 않는다. 내 최초의 기억은 3세에 잠자리를 잡겠다고 뛰다가 지금도 오래된 아파트 단지에서 종종 볼 수 있는 분홍소시지색 보도블록에 걸려 된통 넘어지던 것과 관련이 있다. 사각형 보도블록이 점점 커지고 커져 마침내 시야를 넘어서던 기억. 그때 다섯 바늘을 꿰매고 이후로 몇 번 더 똑같이 넘어져 똑같은 부위를 다치는 바람에 몇 번 더 다섯 바늘씩 꿰맸다고 들었다. 이후의 기억은 없다. 나는 그때 뇌의 특정 부위에 손상이 있진 않았을까 지금도 가끔 생각할 때가 있다. 흉터가 여전히 건재하므로.

내가 태어나 처음으로 읽었던 책은 무엇이었을까? 하드커버로 만들어진 정사각형에 가까운 판형의 그림동화책들. 거기서 분홍신 이야기를 읽었던 기억이 난다. 두 발이 도끼에 잘린 소녀가 괴로워하는 얼굴 그림과 제멋대로 춤을 추며 멀리 사라져가는 조그만 구두 한 쌍과 그 안에 불필요한 덤처럼 얹힌 두 발목들 그림. 어느 SF책에는 돌아버린 한 인물이 자기 아이를 전자레인지에 넣고 열을 가하는 장면도 있었다. 당시 우리 집에도 전자레인지라는 물건이 있었을까? 나중에 불의의 사고로 책이 젖는 일을 수차례 겪게 되었을 때(책이 있는 사람이라면 살면서 한 번쯤 겪는 일이겠지만), 누군가에게서 책을 단단히 눌러서 전자레인지에 돌리면 그럭저럭 원형을 되찾을 수 있다는 얘기를 들으며 전자레인지의 부가적 기능을 알게 돼 만족스러웠으나 시도해본 적은 없다. 이미 팽창과 건조가 수차례 반복된 이후일 때가 많았던 것이다.

아무튼 1987년 초등학교에 입학해 국민교육헌장을 외우고 읽기, 쓰기, 말하기듣기 수업을 들으며 아버지가방에들어가신다와 철수와 영희의 대화를 통해 띄어

쓰기의 중요성과 사회성을 학습하던 시절, 철자법이 -읍니다에서 -습니다로 바뀌었고 파나마 운하라는 말을 처음 들으며 이국을 상상했고 후에 나와 동갑이라는 걸 알게 된 굴렁쇠 소년이 침묵이 내려앉은 운동장을 고요히 달리는 모습을 지켜보았고 올림픽 기간 동안 만화영화들이 모조리 결방이라 화가 났고 공부하는 척 몰래 온갖 책을 읽었다. 나는 아마도 베이비붐세대의 자녀세대에 속할 텐데, 그래서 학교에는 아이들이 무척 많았다. 때로는 아침 8시에, 때로는 오후 1시에 등교했고 그럴 때마다 시간관념에 견딜 만한 혼란이 일었다. 어느 집에서 부모들이 모이고 그들의 아이들은 공기놀이를 하거나 싸우거나 책을 읽거나 하면서 시간을 보냈다. 돈봉투들이 오가고 누군가가 연설을 했고 언성을 높였고 주먹다짐까지 오가진 않았으나 붉어진 얼굴로 자리를 박차고 나가는 어른들이 있었다. 그들은 무엇을 마셨지? 소주였을까? 맥주였을까? 막걸리였을까? 이후 대통령 선거가 치러졌고(87년 12월 16일) 그래서 당시 우리 가족에게 결정적인 변화가 있었는지는 기억나지 않는다. 내 부모가 어느 후보에게 투표했는지 짐작은 가지만 여전히 모르며 묻지 않았다. 우리 집은 5층 건물의 5층이었는데 현관문 밖 양수기함에 나는 비밀 노트들을 숨겨두고는 했다. (이는 몇 년이 지나 수치스럽게 발각된다.) 어느 해에는 눈이 많이 내렸고 어느 해에는 비가 많이 내렸다. 비가 오면

온 세상이 원래 색깔을 되찾는 것 같다고 어렴풋이 생각했다. 햇빛에 반사되는 부분들이 적어졌던 것이다. 조그만 화단에는 라일락과 철쭉, 진달래 따위가 있었고 평범한 나비들과 아름다운 나비들이 날아다녔다. 초등학교 1학년 여름방학 숙제로 식물채집 표본을 만들었는데 내가 동네를 돌아다니며 훼손해온 식물들의 이름을 어머니는 모두 알고 있었다. 그중 하나가 대마였다. 어머니는 4절 스케치북에 대마를 투명 테이프로 고정하고 명칭: 대마, 효능: 환각이라고 썼다. 고사리며 쑥 따위의 식물들도 있었겠지만 지금 생각나는 건 환각이라는 단어의 정체를 전혀 모르던 내가 그 위험함과 치명적임에 눈길을 주었던 것뿐이다. 그 시절에 내가 어째서 그토록 읽기에 빠져 있었는지, 무엇을 읽었는지는 잘 모르겠다. 세상이 안전하지 않으며 오히려 위험하고 어른들이 하는 말처럼 미래가 밝지만은 않을 거라고 막연히 생각했던 것 같다. 뭔가 읽고 있으면 바깥세상이 잠시 잊혔다. 읽고 있으면 나만의 세계에 온전히 혼자 존재할 수 있었다. 읽고 있으면 혼나지 않을 수 있었다. 안전했다.

집에는 『자연과 어린이』라는 잡지가 매달 배달되었다. 학습지 『아이템풀』도 받아본 것 같은데 한 장도 남아 있지 않다. 어느 달인가 『자연과 어린이』의 표지가 펠리컨이었고, 그 부리가 희한했고, 펠리컨이라는 이름이 낯설면서도 이국적인 상상을 하게 해주었다. 그러다 텔레비전에서 페리카나 치킨 광고를 보았고, 치킨이라는 단어를 알지 못했던 나는 그 귀여운 새로 음식을 만든다는 발상이 두렵고 새가 가여워 그 광고를 볼 때마다 고개를 돌리고는 했다.

그리고 학급문고가 있었다. 언제나 5도에서 10도 정도 비스듬히 기울어진 폭 50센티미터에 높이 80센티미터가량의 네 칸짜리 목재 책장이 교실 뒤편에 금방이라도 쓰러질 듯 놓여 있었다. (어째서 내가 기억하는 과거의 책장들은 모두 아슬아슬한 포즈를 취하고 있을까?) 『제인 에어』와 『공포의 대작전』 같은 제목들이 기억난다. 그중 어느 책에서 모스 부호라는 걸 처음 알게 되었고, 조금쯤 공부해보려고 시도하다 이내 포기했다. 몇 해 전 나는 63빌딩이 다른 드높은 건물들에 모스부호로 안부 인사를 송신하는 장면을 짧게 썼는데, 검색해보니 과연 모스 부호 번역 사이트가 있었다. 나는 "잘 지내고 있나요?"를 번역해달라고 요청했고, 답이 왔고, 그걸 글에 넣었고, 편집자로부터 연락이 왔다. "알고 쓰신 것 맞습니까?" 알고 보니 한국어-모스 부호 번역이 잘되지 않아서 오류가 있다고 했다. 나는 "How are you doing?"이라고 질문을 바꾸었고, 친구 사이인 편집자가 다시 확인하지 않은 걸 보면 두 번째에는 제대로 번역이 되었던 모양이다.

내가 "잘 지내고 있나요?"라는 문장을 생각했던 건

『공포의 대작전』과 같은 시리즈에 속했지만 지금은 제목이 기억나지 않는 노란색 표지의 책에서 스카이라아크호를 타고 우주로 나간 젊은이들이 우주 미아가 된 동료를 구하기 위해 갖은 방법을 시도하다 마침내 모스 부호를 송신하면서 저 말을 했기 때문인 것 같다. 우주선 이름인 스카이라아크가 종달새를 의미한다는 건 후에 10대 청소년이 되어 스카이락이라는 패밀리 레스토랑 간판을 처음 봤을 때 알았다. 어려서 읽었던 책이 생각나 사전을 찾아보았던 것이다. 어떤 기억들은 지나치게 명확해서 다른 주변부 기억들을 흐리게 만든다. 때로는 선후관계도 어지럽혀지고 만다. 내가 지금까지 했던 이야기들은 대부분 사실이겠지만 착각에서 비롯된 거짓도 있을 것이다. 나는 가정법 앞으로 몸을 숨기고 있다.

  스카이락이라는 고유명사를 떠올리며 네이버에 이 단어를 검색해보니 1996년 3월 13일자 기사가 나온다. "스카이락-코코스 인천서 치열한 경쟁 … 체인점 세 개씩"이 그것이다. 스카이락과 코코스에 가본 적이 있는지는 기억에 없다. 아마도 없을 것이다. 『코코스』라는 제목의 소설을 읽은 적이 있다. 패밀리 레스토랑에 한 자리를 차지하고 앉았으나 누구의 패밀리도 아닌 인물들이 등장했던 것 같기도 하다. 그러고 보니 소위 패밀리 레스토랑이라는 장소에 가족과 가본 기억이 없다. 아마 그런 사실이 없을 것이다.

그리고 기억나는 책. 같은 반 아이가 쉬는 시간에 책을 읽다 새침하게 덮었다. 나는 표지를 흘긋 보았다. 『제인 에어』였다. "제인 에어가 무슨 뜻이야?" 나는 물었고, 그 아이는 새침하게 대답했다. "알고 싶으면 네가 읽어 봐." (아직 "니가"가 "네가" 발음을 지우기 전이었다. 어려운 발음이었다.) 며칠 후 나는 제인 에어가 주인공의 이름이라는 걸 알게 되었고, Eyre라는 단어가 상속자를 뜻하는 영단어 heir를 염두에 둔 것일지 모른다는 해석을 대략 30년쯤 지나 알게 되었다. 작가의 의도가 그러했을 수도 있고, 아닐 수도 있다. 당시 『제인 에어』를 읽고 나는 재밌다고만 생각했던 것 같다. 그때부터 쭉 기억에 남은 장면이 있다. 사촌에게 크게 덤볐다가 붉은 방에 갇힌 뒤 심각하게 아팠던 제인 에어가 기숙학교로 보내지기 전 그 학교의 교장인 브로클허스트 씨에게 일종의 면접을 보는 장면이다. 브로클허스트 씨가 지옥이 어떤 곳인지 아느냐고, 지옥에 가지 않으려면 어떻게 해야 하느냐고 묻는다. 어린 제인이 대답한다. "건강하게 지내서 죽지 말아야 합니다."* 나는 이 대답이 무척 마음에 들었고, 이제 막 열 살을 넘긴 나이였고, 최선을 다한다면 건강을 유지해 죽지 않을 수 있겠다고 생각했다. 언제나 최선을 다할 수 없으며 최선을 다하더라도 건강은 언제고

---

* 샬럿 브론테, 『제인 에어』, 유종호 옮김, 민음사, 2005, 54쪽.

유지되지 않고 인간은 누구나 죽으며 그 죽음이 때로는 이르고 때로는 비참하다는 걸 체감하기 전이었다.

    5월에 소풍을 간다는 공지를 받으면 하루가 일주일 같았다. 열 밤만 자면 된다는 말이 세계의 종말을 기다리는 느낌으로 다가왔다. 소풍날 보물찾기를 했고 좋은 쪽지를 찾아낸 아이는 연필이나 노트, 아주 좋은 쪽지를 찾아낸 아이는 전과를 받았다. 전과에는 양대산맥이 있었는데 한쪽이 '동아'였던 것만 기억이 난다. (다른 한쪽이 뭐였지? 조선전과였을까?*) 나도 둘 중 하나를 갖고 있었다. 전과는 훗날 소유하게 된 『사회과부도』와 함께 즐거움의 원천이었다. 프랑스 역사를 설명하는 꼭지에 실린 베르사유 궁전 사진을 보고 언젠가 가보고 싶다고 생각했다. 튤립과 장미가 찬란하게 피어 있었다. (가공된 기억일 수도 있다.) 뮌헨, 파리, 로마, 런던 같은 지명들은 어떤 황홀을 불러일으켰다. 요새 초등학생들은 어떤 그림을 보며 이국을 상상할까? 상상하기 전에 미리 가보는 아이들도 많을 것 같다. 나는 주로 외국 지명들을 보며 커서 가볼 나라들을 상상했다. 이는 중학생이 되었을 때 만화대여점 한 벽을 통째로 차지하고 있던 할리퀸 문고들을 대여할 때 지명이 들어간 곳을 우선 고르는 습관으로 이어진다.

    *   『표준전과』였다고 한다.

그러다 동네에 어린이도서관이 개관했다. 방과 후 딱히 할 일이 없는 한가한 어린이였던 나는 매일 그곳으로 갔다. 지금은 이름을 잊은 그 도서관에서는 독서 습관을 장려하기 위해 한 달 동안 하루에 한 권씩 매일매일 책을 읽은 어린이들에게 특별한 선물을 주었는데, 나는 시도했고, 아마 통과했겠지만, 무슨 선물을 받았는지 기억에 없다. 좋아했던 시리즈가 있다. 방글라데시에서 프랑스까지, 일본에서 코트디부아르까지, 전 세계의 어린이들을 인터뷰하고 생활상을 사진과 짧은 글로 담아낸 전집이었다. (지금 그 책들을 다시 볼 수 있다면 좋을 텐데.) 그중 방글라데시의 어린이가 유난히 행복한 표정을 짓고 있었다. 나무 위에 집을 짓고 살아가는 어린이, 주말이면 기차를 타고 이웃한 외국으로 여행 가는 어린이도 있었다. 그 책이 제작된 시기를 감안하면 책 속 어린이들의 절반 이상은 여전히 살아가고 있을 것이다. 나는 가끔 기대어 앉아 그 책들을 읽었던 빨간색 좌식 소파와 연두색 의자를 떠올리고, 책 속 아이들에게 안부 인사를 건네고 싶어진다. "잘 지내고 있나요?" 어른이 되었을 그 아이들도 모스 부호를 익히지는 않았을 것이다. 한 번은 도서관에서 나오다 한두 살 위의 여자아이들에게서 위협을 받았다. 순식간에 나를 에워쌌던 무서운 여자아이들이 내 가방을 뒤졌고, 가방에서 대여한 책 한 권이 나왔고, 그중 한 명의 표정이 갑자기 누그러지더니 이렇게 물었다. "이 책 재밌어?"

그렇게 시간이 흐르는 동안 나는 내 손으로 책을 한 권도 버린 적이 없다. 집에 있는 책들은 주로 다른 가족 구성원들에 의해 재배치되거나 폐기되었다. 이 글을 쓰려고 마음먹었을 때는 책을 버리려고 했으나 결국 버리지 못한 최근의 일을 다룰 생각이었지만, 어쩌다 보니 어릴 때 기억으로 범벅이 되고 말았다. 그것도 두서없이. 예전에도 그러했고 지금까지 쭉 그러한 것처럼. 나는 한 번에 두세 권 책을 읽는 사람이다. 그렇게 되었다. 두서없이. 최근에는 사르트르의 『문학이란 무엇인가』와 로런스 웨슐러의 『그리고 잘 지내시나요, 올리버 색스 박사님?』을 동시에 (불가능하지만) 읽고 있다. 후자에 대해서는 다시 얘기할 기회가 있을 것이다. 어쩌면 전자에 대해서도. 특히 후자의 책은 일주일 안에 다 읽어야 한다는 목표를 세우고 있다. 빌린 책이어서. 빌린 책의 장점: 버리지 않아도 된다. 무엇보다도 버릴 생각을 하지 않아도 된다.

책 위의 식탁

며칠 전 우다영 소설집 『앨리스 앨리스 하고 부르면』에 수록된 「당신이 있던 풍경의 신과 잠들지 않는 거인」을 다시 읽을 기회가 있었다. 나는 몇 년에 걸쳐 이 작가의 작품들을 따라 읽어오면서 몇 가지 특징을 발견했는데, 그중 하나가 작품마다 꼭 한 번은 음식을 먹는 장면이 나온다는 것이다. 작중 인물들은 각기 다른 음식들을 먹는데, 이 단편에서는 일단 "파와 당근을 넣어 육수를 깔끔하게 낸 불고기 전골과 텃밭에서 기른 쌈 채소", 그리고 "사과와 블루베리 같은 과일"*을 먹는다. 같은 소설집에 실린 「창모」에서는 버스를 같이 타고 있던 창모가 자신을 나무라는 임산부에게 끔찍한 언어폭력을 행사하고, 일인칭 화자는 이후 창모와 버스에서 내려 "훈기가 도는

---

* 우다영, 「당신이 있던 풍경의 신과 잠들지 않는 거인」, 『앨리스 앨리스 하고 부르면』, 문학과지성사, 2020, 41쪽.

떡볶이집에 마주 앉아 매운 떡볶이와 김가루 주먹밥"을 먹는다.* 『그러나 누군가는 더 검은 밤을 원한다』에 수록된 「우리 사이에 칼이 있었네」에서 화자는 앞으로 성인식을 치르고 자신과 합일될 예정인 오메가가 마음에 들지 않아 비판적인 눈초리로 오메가를 관찰하며 할머니가 "천일염으로만 간을 한 담백한 만두전골"*을 먹는다. 이렇게 작중 인물들이 무엇을 먹는지 지켜보는 것이 우다영의 작품을 읽는 기쁨 중 하나가 되었다. 내가 소설을 쓰면서 음식을 다루어본 적이 거의 없다는 것도 새삼 깨달았다. 한데 소설 속 인물들이 음식을 먹는 장면이 소설을 이해하거나 혹은 감각하는 데 큰 도움을 준다는 생각이 들었다. 만두전골이 보글보글 끓고, 야채들이 익어가고, 훈기가 돌고, 그 소리와 냄새, 잘 익은 단호박을 건져 입 안으로 가져갔을 때의 온도와 맛, 어색하고 불편한 분위기, 고기를 먹지 않는 나의 오메가를 상상하다 보면 그냥 마주앉아 이야기를 나눌 때보다 그럴듯한 장면이 그려지는 것 같달까.

서장원의 『당신이 모르는 이야기』에 수록된 단편 「이 인용 게임」에서는 오래전 헤어졌지만 가끔 만나 혼자서는 먹기 힘든 음식을 나누는 인물들이 나온다. 이

* 우다영, 「창모」, 같은 책, 174쪽.
* 우다영, 「우리 사이에 칼이 있었네」, 『그러나 누군가는 더 검은 밤을 원한다』, 문학과지성사, 2023, 12쪽.

들은 "광화문에서 만나 일본식 곱창전골을"* 먹는다. 보편적이지 않은 관계인(하지만 내가 보편적이니 아니니를 구분할 수는 없을 것 같다) 나와 노영. 노영은 알츠하이머를 진단받고 요양원에서 생활하게 된 자기 어머니 이야기를 전하고, 나는 화요를 주문하고, "화요를 가져다준 직원"은 "조그만 그릇에 건져둔 기름을 젓가락으로 마구 휘"젓는 노영의 모습을 "잠깐 바라보다 돌아"간다.* 짧은 장면이고, 직원이 마구 휘저어지는 모츠나베를 보면서 무슨 생각을 했는지는 서사를 진행시키는 데에 아무런 도움을 주지 않을지도 모른다. 하지만 두 사람이 식당 테이블에 마주 앉아 금방이라도 끓어올라 냄비 바깥으로 흘러넘칠지도 모를 전골 요리를 지켜보며 심각한 이야기를 나누고 있는 장면은 말없는 직원의 등장으로 인해 그 긴장감이 깊어진다. 둘 이상이 먹어야 하는 음식. 가끔 저어가며 주의 깊게 끓여야 하는 음식. 우연히 마주치면 같이 먹었던 상대방이 생각나는 음식. 이 이야기에서 노영은 2인용 게임에서 늘 배제될 수밖에 없었던 자신의 비밀을 음식을 통해 우회적으로 털어놓고 있는지도 모르겠다.

    이렇게 음식이라는 키워드를 (혼자 뒤늦게) 발견하

---

*   서장원, 「이 인용 게임」, 『당신이 모르는 이야기』, 다산책방, 2021, 30쪽.
*   모두 같은 책, 30쪽.

고 난 뒤로, 나는 소설을 읽을 때마다 인물들이 무엇을 먹는지 이전보다 자세히 들여다보게 되었다. 물론 수많은 소설들에 음식 먹는 장면들이 나오지만, 지금 떠오르는 건 보리스 비앙의 『세월의 거품』 초반부에 등장하는, 나로서는 도저히 그 맛과 모양과 질감을 상상할 수 없는 요리들이다. "망고 열매와 노간주나무 열매가 들어간 크림을 넣어 소스를 만든 다음 그걸 채소로 속을 넣어 둥글게 만 송아지 고기 속에 넣고 꿰맨"* 것, "매일같이 찬물이 나오는 수도관을 통해서 세면대로 올라오곤 하는 뱀장어 한 마리"*를 파인애플을 이용해 잡은 뒤 만든 것. 이런 음식들은 소설 전반부의 쾌활하고 희망차며 애틋하고 몽상적인 분위기를 증폭시키는 역할을 한다. 그러다 비극적인 일이 벌어지면서 주인공 콜랭의 식사는 "기름투성이 프라이팬"에 담긴 "검은색 소시지 세 개"* 가 된다. 외국 소설을 읽을 때면 한 번도 접한 경험이 없는 음식들을 수도 없이 마주치지만, 『세월의 거품』에 등장하는 음식들은 그 나라 사람들에게도 낯선 효과를 불러일으키며 감각적 분위기를 더하는 소품으로 작동하고 있는 것이 아닐까? (망고 소스를 넣은 요리는 나도 맛볼

* 보리스 비앙, 『세월의 거품』, 이재형 옮김, 펭귄클래식코리아, 2009, 23쪽.
* 같은 책, 22쪽.
* 같은 책, 181쪽.

의향이 있다.)

 지난겨울에는 어느 도서관에서 열린 독서 모임에서 안나 제거스의 『통과비자』를 읽었다. 내가 읽기를 제안한 책이었는데, 책도 책이지만 이 소설을 원작으로 하는 영화인 크리스토퍼 페촐트의 「트랜짓」을 몇 번이고 봤기 때문에, 책 읽기와 영화 보기에 대해 이야기를 나눌 수 있을 것 같아서였다. 『통과비자』에는 말 그대로 통과비자가 발급되기를 기다리며 마르세유 거리를 유령처럼 맴돌고 떠돌고 휘도는 인물들이 등장한다. 서류 없이, 희망 없이, 오로지 영원히 끝나지 않는 기다림만이 있을 뿐이다. 이름조차 불리지 않는 주인공은 (아마도 돈이 생길 때마다) 식당에서 로제와인을 곁들여 피자를 먹는다. 공산당원이어서, 징집을 피하기 위해, 독일을 탈출해 제3국행 배를 타려고 한없이 기다리는 인물에게 2차 세계대전 당시 남유럽의 음식이었을 피자와 따스한 색감을 지닌 로제와인이 어떻게 다가왔을까를 두고 독서 모임에 참석한 이들은 짧게 이야기를 나누었다. 그리고 직접 먹고 마셔보기로 했다. 쉽게 할 수 있는 소설 체험이었다. 정국이 불안해지기 시작한 직후였고, 우리는 체류증이 당장은 필요하지 않았으며, 국적이 엄연했고, 밖에서는 칼바람이 불어댔지만 아늑하고 안전하게 로제와인을 마시고 마르게리타 피자를 먹는 사치를 누렸다. 질문은 여전히 남았다. 레드와인도, 화이트와인도, 맥주도 아니고 어째서 로제와인이었을까? 우리는 피자를 한 입 베어물다가 소설 속 아름답고 고통스러운 문장들을 낭독했고, 와인을 한 모금 마시며 감탄하다 근처 맛있다는 피자집 이야기를 했고, 그렇게 대화가 산으로 잠깐 가다가도 다시 로제와인과 피자라는 낯선 조합에 대해 궁금해했다. 이에 대해 우리는 그날 명확한 답을 찾지 못했지만 어쨌거나 두 음식이 서로 잘 어울린다고 말했고, 다음을 기약하며 즐겁게 헤어졌다. 집에 돌아와 챗GPT에게 로제와인에 특별한 의미가 있는지 물었다. 그의 답에 따르면 로제와인은 가볍고 상쾌한 느낌이라 봄이나 여름에 잘 어울리며 분홍빛이기에 기념일이나 데이트에도 맞춤하다고 했다. 본고장에서는 식전주로도 많이 마시지만 특별한 날 사진 찍기에 좋은 와인이라고도 했다. 영화 「트랜짓」*에 등장하는 피자 가게가 실제로 있는지 물어보니 연출된 공간이라는 답이 돌아왔다. 조금 아쉬웠다.

    음식 이야기를 하다 보니 생각나는 소설들이 또 있다. (어쩌면 끝없이 이야기할 수 있을 것도 같다.) 하루키의 소설들인데, 그의 작품들에는 늘 토마토와 양배추처럼 건강한 채소들을 써서 간단히 식사를 준비하는 장면들이 나오는 것 같다. 전작을 다 읽은 것은 아니어서 확신까지 할 순 없지만, 가장 최근에 읽었던 『기사단장 죽이

---

*   『통과비자』는 2차 세계대전을 배경으로 하지만, 「트랜짓」은 현대가 배경이다.

기』에서도 간소한 조리대 앞에서 토마토를 썰면서 스스로를 먹이기 위해 간결한 노력을 하는 인물을 본 기억이 있다. 그런 인물을 보면 안심이 된다. 늘 시도하지만 마음먹은 대로 잘되지 않는 삶을 누군가가 대신 살고 있다는 기분이 들어서일까, 자기 자신을 잘 대접하는 사람이라면 믿을 수 있다는 생각이 어렴풋이 들기 때문일까. 아무래도 나는 소설 속 잘 챙겨 먹는 인물들을 통해 내가 살아보지 않은 삶을 잠시 대신 사는 대리 만족의 즐거움을 생각보다 좋아하는 모양이다.

애서가들

굳이 따지자면 나는 수집가 유형에 속하지 않을 것 같다. 그보다는 호더에 가깝다. 여러 제약으로 인해 무제한적으로 물건을 쌓아두지는 못하고, 최소한의 분별력을 발휘해 물건을 들이고 내보내는 행위를 간혹 하기는 하지만, 아마 공간이 허락하는 한 나는 지금보다 훨씬 더 많은 물건들로 둘러싸인 삶을 살고 있을 것이다.

    내가 쌓아두는 물건들의 대부분은 책과 잡동사니인데, 잡동사니의 범주가 고무줄이라 의외로 다양한 물건들이 이에 속할 수 있다. 예컨대 맥도날드 해피밀 세트 장난감들. 이에 집착하지 않게 된 지 십수 년이 지났지만 아직도 영화 「슈렉」에 나오는 고양이 피규어를 비롯해 기차놀이 세트 등을 갖고 있다. 이사할 때나 대대적으로 청소할 때마다 버릴까 고민하지만 몇십 그램 되지 않을 조그만 플라스틱 물체를 덜어낸다고 해서 딱히 달라질 게 없으리라는 결론이 연속된 까닭에 여전히 내 집 한 자리를 지키고 있는 것들이다. 그 외에는 한때 열정적으로 모았던 플레이모빌 피규어들이 있다. 본격적으로 모으기 시작했던 건 확실히 성년, 그것도 어느 정도 경제활동이 가능해진 다음이었는데, 아동용 장난감을 모으는 것을 다소 유치하게 바라봤던 친구들에게 나는 어린 시절의 결핍을 충족시키는 즐거운 방편 중 하나라며 다소 민망한 얼굴로 변명하고는 했다. 그래서 그 플레이모빌들은 어떻게 되었나? 쌓여 있다. 그것도 먼지를 한가득 뒤집어쓴 채로. 예전에는 가끔 사람이나 가구 피규어를 꺼내 이리저리 배치하며 중산층으로 편입되기를 열망하는 80년대 가정의 욕망을 인형극으로 재현해보는 데 사용하기도 했는데…… 이 말은 농담일 것이다. 길가에 버려진 장갑 한 짝이나 머리끈, 낱장으로 나뒹구는 프렌치 덱 카드들(의외로 가끔 발견된다), 동전들 따위를 모아놓은 수납함도 있었는데 언젠가 어쩔 수 없이 버려졌다. 동전은 제외하고. 한 가지가 더 생각난다. 여기저기 산발적으로 흩어져 있어 총량을 가늠할 수는 없지만, 길에서 가끔 손에 쥐여주는 기독교 포교용 팸플릿들도 있다. 지난해에는 청과시장 근처에서 한 여성에게 "유월절이 다가와요, 모든 것이 변해요"라는, 해당 종교에 대한 지식이 전무한 나로서는 알 수 없는 말을 듣고 작은 쪽지를 하나 받았다. 그것도 온갖 서류가 잡다하게 뒤섞인 파일

함에 꽂혀 있다. (그의 예언은 이루어졌다. 지난겨울 이후 모든 것이 변했고, 변하고 있다.) 지난달에는 당근으로 DVD 플레이어를 샀는데 약속 장소가 교회 앞이었다. 택배거래가 직거래로 바뀌면서 판매자는 내게 택배비를 돌려주었는데, 1000원짜리 넉 장을 감싼 A4 용지를 펼쳐보니 "9장 에스라의 기도 / 방백들이 에스라에게 이방 결혼에 대한 소식을 전하자 회개의 기도를 드린다(1-5), 내용은 죄악으로 인한 포로 생활과 하나님의 의로우심이다(6-15)"라고 인쇄되어 있다. 나는 이것이 어떤 메시지일까 아닐까, 일종의 예언일까 아닐까, 내가 받들어야 하는 지령인가 아닌가를 고민하며 종교 팸플릿들이 꽂힌(그렇다고 생각되는) 서류 더미에 꽂아두었다. (그리고 이 글을 쓰느라 다시 찾아냈다.) 그러고 보니 초등학교 저학년 시절에는 야산에서 삐라를 주운 적이 두세 번 있었는데, 그것들은 어디로 갔을까? 삐라의 뜻이 궁금해 검색해보니 "bill"을 일본식으로 발음한 "비라"(ビラ)가 그 기원이라고 한다. 거기에 뭐라고 적혀 있었지? 불법선전물을 발견하면 학교나 경찰서에 즉시 신고하라는 말을 귀에 못이 박히도록 들었는데. 하지만 그것들을 지금 갖고 있다고 해도 한데 뭉쳐진 영화 전단지나 계약서, 건강검진 내역 등은 내가 죽은 뒤 소각되기를 바라는 신세를 면치 못했을 것 같다.

  그리고 책들이 있다. 이 글을 쓰다가 문득 범우문고

에서 나온 『애서광 이야기』*가 생각나 다시 찾았다. 세 가지 이야기 중 첫 번째로 수록된 옥타브 유진느의 「시지스몬의 유산」에서 라울 규마르는 시지스몬이 남긴 처분할 수 없는 유산인 귀한 장서들을 수중에 넣기 위해 난해한 결혼을 감행하고, 그곳에서 "문장이 가죽 표지에 찍힌 천하유일본"을 비롯해 개인 서고에서도, 공공 도서관에서도 이제는 찾을 수 없게 된 책들과 대면하게 된다. 그리고 좌절한다. 두 번째 작품인 플로베르의 『애서광 이야기』*의 주인공 자코모* 또한 책을 소유하고자 하는 병적인 욕망이 시달리며 우울증자가 되었다가 ("귀가 길에 오른 그의 발걸음은 느리고 근심에 쌓여 있었다. 그의 얼굴은 기묘하고 멍해 보인다. 또 그로테스크하고 어리석어 보인다. 비틀거리는 것이 마치 술에 취해 정신이 없는 사람 같다"*) 절도와 살인을 범하기에 이른다. 오래전 이 책을 처음 읽었을 때 나는 나 자신의 미래를 예감하지 않으려고 애썼다. 확실한 건 내게 수집가의 정체성이 없다는 것뿐이었다. 서점에서 책을 살 때, 가

* 에레오노르, 가르강츄아 같은 표기를 볼 때 일서를 번역한 것으로 추정되지만 확인해보지는 않았다.
* 1821년에 태어난 플로베르가 1836년 11월 어느 문학잡지에 발표한 작품이라고 한다…….
* 내가 가진 판본에는 '갸코모'로 표기되어 있다.
* 귀스타브 플로베르, 『애서광 이야기』, 이민정 옮김, 범우사, 2011, 90쪽.

끔 표지가 더러워졌거나 파본인 경우, 서점 직원들은 내게 같지만 다른 책을 가져오라고 권했고, 나는 어차피 읽기 위한 용도라며 그들의 제안을 거절하고는 했다. 띠지가 있다면 보통 책갈피로 쓴다. 이를 지켜보는 편집자 친구는 기함하지만(띠지까지도 책의 일부로 매우 귀히 여기는 친구다), 책장을 들락거리다 찢어지는 손상을 입는 것보다는 페이지 안에 고이 접혀 있는 쪽이 나을 것 같다. 그러나 때로는 읽지 않고 책을 쌓아두는 것 말고, 보다 그럴듯하게 수집가로서의 정체성을 장착해 귀하다고 일컬어지는 책들을 쌓아두는 편이 낫지 않을까 싶기도 하다. 그래서 나는 지금 책장을 둘러보고…… 내가 사망한 이후에도 가치가 있을 법한, 혹은 누군가가 나를 사망에 이르게 할 정도로 귀중한 책들이 딱히 보이지 않는다는 결론에 쉽게 도달한다. 2차 세계대전을 배경으로 하는 로만 폴란스키의 영화 「피아니스트」를 2002년 개봉 당시에 봤는데, 전쟁의 참화를 겪는 폴란드 어느 마을에서 살아가는 주인공이 식량인지 땔감인지를 구하려고 집에 있던 책을 팔던 장면이 인상적이었다. 기억이 확실하지는 않지만 도스토옙스키의 어느 소설이었을 것이다. 그런 거래가 지금도 가능할까? 오히려 지금보다는 미래에 가능할 것 같다는 막연한 생각이 든다. 책 읽는 인구가 줄어들고, 종이책보다는 전자책이 그나마 읽히고, 그래서 종이책 생산이 줄어들다 멈추면 책들이 다시 귀해지지 않을까? 그때도 소위 애서광들은 있을 테니까. 문득 넷플릭스에서 재밌게 본 드라마가 떠오른다. 「너의 모든 것」이라는 시리즈인데, 뉴욕의 어느 서점 직원인 조가 벌이는 미친 짓이 주된 내용이다. 인상적이었던 건 돈이 필요해진 조가 『돈키호테』 초판본을 직접 제작해(!) 비싼 값에 파는 에피소드였다. 제작과 거래를 모두 포함해 저런 일이…… 21세기에도 가능하다고?

    책들이 주로 단열재로 사용되고 있다고 생각하면 죄책감이 든다. 언젠가 책이야말로 별다른 죄책감을 느끼지 않고 무제한으로(가능하다면) 구매할 수 있는 거의 유일한 상품이라는 생각을 언뜻 했는데, 더는 벽돌 취급을 하면 안 될 것 같다. 평균 수명의 절반을 넘겼고, 냉정히 말해서 읽어야 할 책들을 읽을 때가 된 것 같기 때문이다. 그렇다면 읽어야 할 책들이 대체 뭘까? 완결성을 위해 10년쯤 전 읽다 만 『특성 없는 남자』 2권, 학생에게서 추천받은 마사 누스바움의 『시적 정의』, 좀처럼 읽히지 않아 덮어둔 베케트의 산문들……. 읽어야 한다는 강박은 너무나 자의적이고 아무도 나를 타박하지 않는데도 어째서 읽어야 한다고, 반드시 읽어내야만 한다고 되뇌는 이유를 모르겠다. 책을 읽고, 어떤 책들을 여러 번 읽고, 그중 어떤 책들에 대해서는 꼼꼼히 기록하고, 그 후에는 내보내야 한다. 펭귄클래식판 『야간비행·남방우편기』는 내년에도 다시 읽을 것 같다. 그러하기를 바란다. 안나 제거스의 『통과 비자』도 어느 시점에 다시 생각날 책으로 여겨진다. 수전 최의 『미국 여자』를 언젠가 읽어야 한다. 알리 스미스의 『가을』은 읽은 책이지만 내년 가을에 다시 읽고 싶을 것 같다. 이렇게 날마다 책상에 책들이 쌓인다. 읽히는 책들과 내보내지는 책들은 늘 동수를 이루지 않는다. 나는 어쩔 수 없다고 생각한다. 내가 애서광이 아니라 다행일 뿐이다.

장비들

어려서는 독서대가 필요하지 않았다. 책상에 앉아 있어도 목이나 등이 아프지 않았다. 어깨와 허리에서 통증을 느끼지도 않았다. 이와는 별개로 책 읽기는 주로 누운 채 이루어졌다. 한밤중에 문을 닫고 자는 척 누워 이불을 뒤집어쓰고는 작은 스탠드 조명을 이불 안으로 끌어들여 책을 읽었다. 전선이 걸리적거려 손전등을 사용하기도 했다. 다른 짓이라면 모를까, 밤에 잠들지 않고 책을 읽는 것이 대단히 혼날 일은 아니었을 텐데, 그때는 아무도 모르게 책을 읽는 것이 작은 모험처럼 여겨졌다. 『보물섬』이나 『톰 소여의 모험』을 그렇게 읽었을 것이다. 키가 급격히 자란 여파였는지, 자세 불량 때문이었는지 고등학생이 되어서는 자주 허리가 아팠다. 하루는 아픈 허리를 부여잡고 끙끙대고 있는데 옆 분단 애가 이렇게 말해주었다. "허리 똑바로 세우고 배에 힘을 딱 줘." 나는 그 애의 말대로 했고, 며칠간 의식적으로 배에 힘을 주었더니 과연 통증이 줄어들었다. 지금도 가끔 그 말을 생각한다. 허리를 똑바로 세우고 배에 힘을 딱 주면 못 읽을 책도 단박에 읽을 수 있을 것 같다. 이 문단이 다소 비약적으로 읽힐 것 같아 약간의 사연을 추가한다. 한때 교류가 잦았지만 세월이 흐르면서 자연스레 페이스북으로만 소식을 접하게 된 친구가, 그는 따지자면 선비 유형인데, 누워서 책을 읽다니 얼마나 불경한 일인가 통탄하는 것을 보고 그때부터 마음속에서 누워서 책을 읽지 말아야겠다는 막연한 다짐이 자리 잡기 시작했던 것 같다. 그렇다고 바로 와독(臥讀)을 포기하진 않았고, 누워서 책을 읽을 때마다 목욕재계를 마치고 책상 앞에 곧은 자세로 앉아 복근을 단련하며 책장을 넘기는 내 모습을 상상만 한다. 여간해서는 복근이 단련되지 않던 와중에 침대에서의 독서를 가능하게 해주는 장비를 하나 마련했다. 철제 관절을 어떻게 고정하느냐에 따라 삼각형 독서대나 사각형 간이 테이블로 활용할 수 있는 독서대인데, 누운 채 그 물건으로 책을 읽다 보면 문득, 상반신 위로 넓적한 가로장처럼 놓인 독서대 등판이 조선시대 죄수들이 썼던 칼처럼 보이기도 한다. 철제로 만들어진 만큼 튼튼하고 견고해서, 또 가끔 축구를 볼 때 맥주를 올려놓을 수 있는 간이 테이블로도 쓸모가 있기에, 누워서 책을 읽지 말아야겠다는 허울뿐인 다짐에도 불구하고 당분간 중고거래 플랫폼에 넘기지는 않을 것 같다. 그 외에는 전통적인 독서대들이 몇 개 있다. 접이식 플라스틱이 하나, 가볍고 부피가 없다시피 해 휴대용으로 적합한 것 하나, 투명한 아크릴로 제작되어 책상 위에 올려두어도 거창해 보이지 않는 것 하나. 셋 중 마지막 물건을 애용하는 편이다. 의외로 튼실해서 400-500쪽쯤 될 하드커버 책을 올려두어도 듬직하게 잘 고정시켜주고, 아크릴 받침에 포스트잇이나 독서용 플래그를 붙여두면 왠지 그럴듯해 보이기 때문이다. 그리고 내 책상은 조도가 부족해서 클립 따위로 고정되는 독서등을 찾아보았고, 아직까지 적당한 물건을 발견하지 못해서 전선이 거추장스럽지만 탁상용 스탠드를 하나 마련해 이리저리 움직여가며 사용하고 있다.

그러다 우연히 보면대를 보고 혹했지만, 악보에 비하면 책은 지나치게 두껍고 무거워서 부러질까 봐 포기했다. 네이버쇼핑 장바구니에는 다종다양한(것처럼 보이는), 모두 같은 나라 출신인 독서대들이 여럿 담겨 있고, 보관 기한이 끝나 장바구니에서 삭제될까 봐 사지도 않을 거면서 관심 상품으로 등록해두기까지 한 물건들도 있다. 그걸 볼 때마다 앉아서건 누워서건 서서건 일단 책을 읽어 멍청아, 핑계대지 말고, 라며 다그치는데, 매번 스스로에게 속으면서도 더 그럴듯한 장비가 있다면 책 읽는 것이 훨씬 더 자연스럽고 즐거워질 거라고 확신

한다. 또 어떤 장비가 있나. 그러고 보니 한때는 독서등을 꼭 챙겨 다녔다. 맥줏집에서 아르바이트를 할 때였는데, 저녁 8시쯤 출근해 영업 준비를 마치고 손님이 올 때까지 기다리며 책을 읽었다. (스마트폰이 출시되기 전이었다.) 조도가 낮아 눈이 쉬 피로해지기 일쑤였고, 그러다 독서등의 존재를 알게 되었고, 구입했고, 잘 사용했는데 어느 날 없어지고 말았다. 지금 추측으로는 카운터에 부주의하게 놓아두었다가 역시 부주의한 손길에 의해 그 아래 쓰레기통으로 추락한 것 같다. 사라진 물건이 우연에 의해 제 발로 나타나기를 희망하며 같은 물건을 재구매하지 않는 동안 독서등에 대한 필요가 희미해졌다. 가게가 바빠졌고, 얼마 후 나는 일을 그만두었고, 그 후로는 독서등을 다시 살 이유가 사라졌던 것 같다.

    그 외에 특기할 만한 물건으로는 천으로 제작된 책 싸개가 있다. (어릴 적에 본 대학생들이 나오는 드라마에서 두툼한 끈으로 책들을 십자 형태로 묶어 고정해 들고 다니는 걸 본 기억이 난다. 그 물건이 갖고 싶었던 것도. 그 끈의 이름은 뭘까? 인공지능에게 물어보면 알 수 있을까?) 아마 10년도 더 전에 전철에서 선 채로 토마스 베른하르트의 『소멸』을 읽다가 내릴 무렵 책을 덮고 가방에 넣는 동안 옆자리에 서 있던 승객이 같은 책을 읽고 있는 걸 목격했다. 그는 내가 자신과 같은 책을 읽고 있다는 걸 알아차리지 못했을 것이다. 수백 쪽에 달하는 그 책을 같은 시공간에서 읽는 사람을 마주치리라고는 조금도 예상하지 못했기에 반가우면서도 당황스러웠다. 하필이면 『소멸』이라는 것이, 아마도 초판이 나온 이후 증쇄되지 않았을 책이라는 것이 터무니없이 신기했고, 내 쪽에서는 반가움이 앞섰지만 저쪽에서는 자신이 읽고 있는 책을 낯선 사람이 알아본 상황이 반갑지 않을 것 같기도 했다. 공공장소에서 책을 읽는다는 건 가장 내밀하고 사적인 행위가 다른 사람들 눈앞에 전시되고 있는 상태를 견디기도 하는 것일 텐데, 하는 논리에서였다. 그 후로 일본에서는 전철에서 무슨 책을 읽는지 알리고 싶지 않은 사람들이 책싸개를 사용한다고 들었고(애니메이션으로도 제작된 쓰다 마사미의 만화 『그 남자! 그 여자!』에는 고전을 읽는 척 만화책을 읽는 인물이 등장하는데, 여기서 결정적인 힌트를 얻은 건 아닌 것 같다), 그러다 천으로 된 책싸개를 제작해 판매하는 인터넷 상점을 찾아내서 공공장소에서 책을 읽을 때 쓸 목적으로 세 가지 사이즈로 세 개 구입했다. 이것들은 간헐적으로 사용된다. 사용하는 걸 자주 잊어버리기 때문이다. 어쨌거나 면으로 제작된 커버를 씌운 책을 가방에서 꺼낼 때마다, 주로 전철에서인데, 그 감촉이 마음에 든다. 전철이나 기차에서 우연히 일정 시간 같은 공간을 점유하는 낯선 사람들이 내게 관심이 없다는 건 잘 알지만, 그래도 가끔은 내보이기 싫은 책들이 있다. 예컨대 비톨트 곰브

로비치의 『포르노그라피아』라거나. 책싸개를 사용하면 이런 걱정에서 해방된다. 게다가 책 표지를 보호하는 기능도 있잖은가.

고작 책 한 권을 읽고자 하는데 이다지도 많은 장비가 필요하다니, 실은 핑계에 불과하다는 건 안다. 그러나 욕심 탓인지 자꾸만 쌓여가는 책들을 죄책감 없이 읽어나가려면 장비들에 의지해야 할 때가 있다. 장인은 도구 탓을 하지 않는다고 하던데, 범자인 내게는 아무래도 더 많은 도구가 필요한 것 같다. 그래도 좋다. 최적의 조도, 최적의 자세, 최적의 온도와 습도, 최적의 각도가 갖추어진다면 언제고 읽어야 할 책들을 다 읽어버릴 수 있지 않을까, 그런 희망을 버려서는 안 될 것 같다.

새벽

나는 아침형 인간이 아니다. 기억하기로는 열두 살 무렵부터 또래보다 늦게 잤고 아침마다 잠과 분투를 벌였다. 오랫동안 내가 게을러서 그런 것이라며 스스로를 탓했다. 어쩌면 선천적으로 그런 사람일지도 모른다는 생각을 뒤늦게 했다. 고등학교에 들어가서는 항상 반에서 제일 큰 학생이었고 그로 인한 모종의 특권을 누릴 수 있었다. 맨 뒷자리에서 책상에 책을 잔뜩 쌓아두고 점심시간 종이 울릴 때까지 내내 잤다. 그때는 눈에 띄지 않을 것 같았지만 지금 보면 다들 그냥 내버려둔 것일 테다. 그런 분위기의 학교였다.

 한동안 우연히 방향이 같아 출근하는 아버지의 차를 얻어 타고 등교하던 시기가 있었다. 어느 화창한 봄날이었고 차창을 투과해 내리꽂히는 햇빛에 눈이 부셨다. 볕에 정통으로 가격당하면 늘 졸음이 찾아왔다. 나는 눈이 부시다고 말했다. 아버지는 피식 웃으시더니 "네가 뫼르소냐?"라고 말했다. 나는 아버지가 『이방인』을 읽었으며 심지어 그 주인공 이름을 기억하고 있다는 것에 조금 놀랐다. 생각해보면 아버지는 당신의 청년 시절에 나보다도 더 놀거리가 없었을 테니 오락으로 책을 읽은 세대에 속하는 사람이었다. 그날 나는 뭐라고 대답했을까? 오, 라는 한 마디를 했던 것 같기도. IMF 시기였는데 나는 외국에서 학교에 다니고 싶다는 막연한 환상을 품고 있었다. 정규 교과과정에 없었던 일본어와 러시아어를 독학했고 문자에 겨우 익숙해졌을 때쯤 흥미를 잃었다. 학교에서는 세계지리 수업만 열심히 들었다. 선생님은 「옛날 옛적에」라는 만화 속 캐릭터인 배추도사를 닮은 분이었는데 학생들이 열의를 보이지 않는 것 같으면 가끔 가곡을 부르시고는 했다. 그 뜬금없는 노랫소리가 좋았다. (윤리 선생님은 무도사를 닮은 분이었는데 이분도 가끔 학생들에게 자습하라고 시켜놓고 분단 사이를 거닐며 노래를 부르시고는 했다.) 교과서에 실린 낯선 지도들을 들여다보고 있으면 그곳에 가 있는 것 같았다. 프랑스를 배우면 프랑스 문학을, 중국을 배우면 중국 문학을 읽었다. 당시에는 학교 도서관에 비치된 문학 작품들로도 이국에 대한 욕구가 어느 정도 충족될 수 있었다. 국어 시간에는 절반 정도 깨어 있었는데 이광수의 『무정』에 대해 간략히 듣고 찾아 읽었던 원전 속 세비로 양복이런던의 맞춤 정장 가게들이 도열한 곳으로 널리 알려진 새빌 로(Savile Row)라는 건 나중에 알게 되었다. 국어 시간에는 주로 일부러 졸았다. 맞기 싫었으므로 최선을 다해 깨어 있는 척을 하고 있기는 했다. 당시 국어 교사는 스물여덟 살의 남선생으로 담임이었는데 내가 교실에서 슬리퍼가 아닌 신발을 신고 있었다는 이유로 내 뺨을 주먹으로 후려쳤던 이었다. (내가 다녔던 학교에서 슬리퍼는 일종의 공공재여서 훔치거나 도난당하는 일이 언제나 동시에 일어났다.) 아팠다. 더한 체벌도 겪어봤지만 교복 옷깃을 잡고 일으켜 아무런 설명 없이 내 턱뼈를 주먹으로 내리치는 사람은 그가 처음이었다. 나는 그가 싫었다. 내가 작가가 되어 첫 책이 나왔을 때 그는 내게 메일을 보내 서명한 책을 보내줄 수 있겠느냐고 물었고 나는 보냈다. 왜? 어떤 심산이 있었다. 후에 스물여덟 살이 되었을 때 나는 그날의 일을 떠올렸고 어떻게 그런 애송이가 학교에서 학생을 주먹으로 가격할 수 있었는지 도저히 알 수 없었다. 나이와 관계없이 있을 수 없는 일이었지만. 당시에는 체벌이 흔했다. 어떤 아이들은 발바닥을 맞으면서도 웃었다. 나도 웃었나? 가끔 웃었다. 책을 읽었건 읽지 않았건 아이들은 그런 사람들이 우습다는 걸 알았다. 아무도 알려주지 않았는데도. 나는 그런 비루한 사람들을 책에서 많이 보는 중이었다.

그에게서 송강 정철의 『관동별곡』과 김현의 『문학

이란 무엇인가』를 배웠다. 오후가 되면 전혀 졸리지 않았는데 수업을 건성으로 들으면서 주로 교과서 제목을 칼로 긁거나 덧칠해 바꾸고는 했다. 그렇게 국어가 큠영이 되고 공통수학이 공동승함이 되었다. 가끔 백일장이 열렸고 문학 동아리 부원이 아니었기에 자격 요건을 충족하지 못해 한 번도 나가지 못했다. 내심 나가고 싶었던 것 같기도 하다. 한 번도 제대로 된 글을 써본 적은 없었지만 뭔가 써보고 싶기는 했다. 나는 또래보다 많이 자는 사람인 동시에 많이 읽는 사람이었다. 많이 읽었기에 쓸 것도 많을 거라고 생각했던 것 같다.

새벽에는 주로 깨어 있었다. 잠이 오지 않았다. 가끔 모두가 잠든 밤이면 최선을 다해 소리를 죽여 PC통신에 접속했다. 거기서 친구들을 만났고, 친구들이 자러 가면 소설 게시판에서 아마추어 작가들이 올린 작품들을 읽었다. 『드래곤 라자』를 거기서 처음 읽었을 것이다. 『하얀 로냐프 강』이라는 소설도 재밌게 읽었다. 『퇴마록』도 일부를 읽었다. 환상문학을 다루는 커뮤니티에도 가입했다. 연습장에 몇 줄가량 끄적거려보기도 했다. 그러다 영화 「접속」이 흥행하면서 PC통신 가입자들이 늘어났다. 나는 천리안 사용자였는데 어느 날 들어가 보니 10만 명이던 가입자가 순식간에 100만 명으로 늘어났다며 자축하는 메시지가 메인 화면에 걸려 있었다. 가끔은 영화 퀴즈방에서 낯선 영화 제목들을 접하고 적어두었다. 가족들 중 누군가 깨어 화장실이라도 가는 기척이 느껴지면 오소소 소름이 돋았다. 그래도 언제든 뭔가 읽을 수 있다고 생각하면 마음이 놓였다. 새벽녘 잠들어 7시쯤 겨우 눈을 뜨고 등교했다. 어두운 날도 밝은 날도 있었다. 『드래곤 라자』가 책으로 나와 베스트셀러가 되었고 신기했다. 지금은 디테일들을 많이 잊었지만 "교교한 달빛"이라는 표현과 초점화자의 기막힌 여정은 어렴풋이 기억에 남아 있다.

    나는 요새도 새벽에 깨어 있다. 지금도 마찬가지다. 오전 3시 29분을 지나고 있다. 23시에는 잠들어야 한다는 의사들의 경고에도 불구하고 새벽은 글을 쓰기에도, 책을 읽기에도 최적의 시간이다. 까마귀들이 날지 않고, 해가 지평선 아래 머물러 있고, 최후의 간판들 불빛이 꺼지고 온통 적막에 잠긴 이 시간, 활자들이 커지고 저마다 목소리를 내기 시작한다.

메모

지난 겨울학기에 수업을 마치고 가방을 챙기고 있는데 한 학생이 다가와 책을 읽을 때 어떻게 기록을 하느냐고 물었다. 마침 태블릿으로 노트 앱들을 쓰기 시작한 지 얼마 안 된 참이어서 화면을 열어 내가 사용하는 앱들을 보여주었다.

 메모의 역사는 내 나이만큼 되었다. 어느 시점부터는 컴퓨터 메모장이나 휴대폰 메모 앱을 썼지만 한 번도 유의미하게 통합된 적은 없다. 스마트폰을 처음 사용한 시기가 2010년 무렵이었을 텐데 지금 메모 앱을 켜보면 암호처럼 해독되지 않는 단어나 문장 들로 가득하다. "『페레이라가 주장하다』와 유사한 형식으로", "리비아 요새", "freshwater 영국 소설" 같은 말들이 적혀 있는데 도무지 이런 메모가 작성된 계기도 의미도 알 수가 없다. (『베들레헴을 향해 웅크리다』에서 조앤 디디온은

「노트 쓰기: 과거의 나와 화해할 이유」에서 "그 여자 에스텔"로 시작되는 메모를 앞에 두고 상념에 잠긴다. "그 메모가 내 노트에 쓰여 있었으므로, 나한테 뭔가 의미가 있을 터이다."* 이런 메모를 하던 자신을 되살리는 일의 가치에 회의적인 태도를 보내면서도 디디온은 과거의 자신과 "연락을 하고 지내는 게 좋은 생각일 테고, 연락하고 지낸다는 게 노트의 진짜 핵심인 것 같다"*고 쓰고 있다.)

    손바닥만 한 공책이나 인덱스카드도 썼다. 소위 기자 수첩이라고 불리는 크기의 작은 공책들을 주로 썼는데, 가장 최근에 소지하고 다니는 수첩을 펼쳐보니 윌리엄 트레버의 「율의 추억」과 다와다 요코의 『용의자의 야간열차』를 언젠가 읽었던 기록이 있다. 배낭 옆주머니에 대충 넣어두고 가끔씩만 꺼내 쓰는 이 수첩은 그간 비를 많이 맞는 바람에 글씨가 번져 알아보기 힘든 페이지들도 많다.

    앞에서도 썼지만 나는 일종의 청개구리 심보에 스스로 매인 사람이라서 기록들을 부러 정리하지 않았다. (이 심리를 나는 정말이지 설명할 길이 없다.) 후에 쓸모가 있으리라는 예감이 들 때도 마찬가지였다. 느슨하게

---

*   조앤 디디온, 『베들레헴을 향해 웅크리다』, 김선형 옮김, 돌베개, 2021, 187쪽.
*   같은 책, 198쪽.

작성된 기록들을 불용처리하지도 않았다. 그러자 이런 기록 더미들은 한두 해가 지나고 10-20년이 지나면서 미량의 추억도 불러일으키지 않는 쓰레기가 되었다.

한동안 모종의 이유로 병원 신세를 지고 난 후에 인생의 절반을 살았다는 자각을 했다. 분류니 선택이니 집중이니 하는 단어들이 내게도 의미를 갖게 되었다. 대학 시절부터 사용한 노트들도 거의 버리지 않아서 정리할 필요가 있었다. 언제까지 이고 지고 살 거야? 그러다 많은 사람들이 이미 디지털 노트를 사용하고 있다는 걸 알게 되었다. 그것도 대단히 전문적으로. 블로그와 유튜브 영상을 찾아본 후 몇 가지 앱들을 내려받았다. 이미 원노트를 쓰고 있었으므로 플렉슬과 굿노트 정도가 추가되었다.

요새는 "2025년 읽기"라는 폴더에 올해 읽은 책들에 대한 단상이나 책 속 문장들을 정리하고 있다. 지난 연말에 앨리 스미스의 『겨울』을 읽었고 책에 언급된 식물들 사진들이나 미술작품들, 좋았던 문장들을 따로 노트를 만들어 기록해두었다. 옛날 메모하던 습관에 비해 좀 더 자세하게 기록하고 있으니 한 10년쯤 지난 뒤에 다시 찾아볼 때 어떤 맥락을 쉽게 되살릴 수 있을까? 노트 앱 개발사들이 망해버리면 어쩌지? 역시 마이크로소프트에서 제공하는 원노트를 주력으로 써야 할까?

여기저기 흩어져 있던 메모들을 이렇게 통합한 지

고작 서너 달 되었을 뿐이기에 이 방법을 얼마나 더 고수할지는 모르겠다. 아직까지는 나쁘지 않다는 느낌이다. 2025년의 독서 기록에는 『겨울』과 더불어 『그리고 잘 지내시나요, 올리버 색스 박사님?』, 그리고 『파시즘의 심리 구조』에 관한 노트들이 쌓이고 있다. 최근에 안 건 휴대폰 카메라로 책의 페이지를 찍으면 사진 속 글자들이 이미지만이 아닌 텍스트로도 인식된다는 것이다. 다른 사람들은 이 기능을 진작부터 쓰고 있었다고? 나는 놀라워하며 이를 남용하기 시작했다. 예전에는 기억하고 싶은 구절을 노트 등에 직접 손글씨로 썼는데 요새는 그냥 사진을 찍어 텍스트 인식 후 복사, 붙여넣기를 한다. 두 과정에는 별 차이도 없다. (그런 것 같다.) 노트 앱을 열어 저장해둔 내용을 살펴본다. 콘월어의 사멸해 대한 메모, 지오토 탐사선에 대한 메모, 자말 무시알라의 사진과 더불어 『심벨린』의 몇몇 대목이 깔끔하게 적혀 있다. "치매에 걸려도 잃지 않는 것은 서명이고, 서명은 인간성의 고향이야"*라는 대목도.

    이런 메모들이 언젠가 도움이 될까? 딱히 도움을 받으려고 하는 행위는 아니다. 한데 이 글을 쓰려고 휴대폰 메모장을 뒤지다 아래와 같은 글을 발견했다. 당시 어느 시인이 하던 온라인 독서 모임에 제출했던 글 같은데, 휴

---

    *   로렌스 웨슐러, 『그리고 잘 지내시나요, 올리버 색스 박사님?』, 양병찬 옮김, 알마, 2020, 250쪽.

대폰으로 쓰진 않았겠지만 저장 정도는 해뒀던 모양이다. 다시 보니 스스로는 조금 재미있어서 복사, 붙여넣기로 게시해보기로 한다. 기록에 의하면 2015년에 썼다.

터무니없이 일찍 일어났다. 계란을 삶아 아침으로 먹었다. 난장판에 가까운 책상 주변을 바라보다가 『잉그리드 카벤』 생각이 났다. 책을 찾아보지는 않았는데 사실 여전히 그 책이 있는지, 그러니까 여전히 내 소유물로 남아 있는지 잘 모르겠다. 전에 살던 집 다용도실 세탁기 위에서 몇 년을 썩어가게 내버려뒀던 책이었다. 햇빛 때문에 책의 표지가 빛바래 있었다. 그 과정을 몇 년 동안 보고만 있었다. 그러다 결국 이사 직전에 책을 다용도실이 아닌 곳으로 가져왔을 것이다. 그 책이 왜 거기 있게 되었는지를 생각해본다. 잘 모르겠다. 나는 물건을 함부로 다루는 편이다. 아껴 쓰지 않는 것과는 좀 다르다. 아무튼 나는 『잉그리드 카벤』을 두세 번 읽었다. 마지막으로 읽은 것이 거의 10년 전인 것 같지만 확실치는 않다. 그중 기억나는 구절이 있다. 실은 꽤 빈번하게 떠오르는 구절이다. 도주 중인 커플이 있다. 그들에게는 재스퍼 존스의 그림이 있다. 도주 중이므로 그림을 소지하기가 거추장스럽다. 둘 중 하나가 그림을 두고 가지 않으려고 하자 다른 하나가 그림이 가짜라고 말한다. 그러자 다른 사람이 말한다. "그러면 우리는, 우리는 진짜인가?" 이 대사는 아마 번역서에도 이렇게 적혀 있을 것이다.

그러나 이 커플이 도주 중이었는지는 분명하지 않다. 도주라는 단어 말고 뭔가 다른, 이들이 소설 속에서 겪는 상황과 그것이 몇 년이 지난 지금 내 머릿속에서 재구성되는 상황, 그리고 정확한 단어를 찾을 수 없어 막막한 기분을 한데 아우르는 보다 정확한 단어가 있을 것 같다. 역시 잘 모르겠다. 나는 이 책을 읽은 것일까, 읽지 않은 것일까. 읽었다고 생각되는 책들이 있다. 실은 지금까지 읽어온 모든 책들을 실제로 어떻게 읽은 것인지 잘 모르겠다.

낯선 사람들

지난 겨울, 일종의 출장 비슷하게 강릉에 다녀왔다. 3박 4일짜리 여정이었는데 마지막 날 일정이 사라지는 바람에 일행들과 나는 미역국과 곰칫국을 아침으로 나누어 먹고 우연히 나타난 시골길(고라니를 보았다)을 걸어 허난설헌 생가를 찾아갔다. 대문을 들어서자마자 마당에 멋들어진 향나무가 있었다. 나는 고건축에 대해 아는 바가 전무하지만 허난설헌이 태어났다는 가옥이 꽤나 권세를 누리던 집안에 속했으며 현재까지도 잘 관리되고 있다는 건 알 수 있었다. 어슬렁거리며 집을 한 바퀴 돌아보는 데만 시간이 한참 걸렸다.

    나와 일행은 지친 다리를 쉬어갈 겸 마루에 앉았다. 지척에 솔숲과 호수와 바다가 있었다. 시내도 있었고 백로도 있었다. 이런 집에서 짧게나마 머무른다면 뭐라도 쓸 수 있을 것 같았다. 아니지, 오랫동안 산책만 해도 좋을 것 같았다.

　이런 이야기가 오가는데 장년의 남자가 대문으로 들어와 마당에 섰다. 나와 일행을 포함해 한두 명 있던 관광객이 그를 주목하자 그는 말하기 시작했다.
　그의 이야기는 15분쯤 이어졌다. 자신이 강릉 토박이인 어느 문중 사람이라는 것, 강릉 지대가 상당히 올랐지만 자신은 차남의 삼남이라 물려받을 재산이 없다는 것, 어느 대학 교수가 이 집을 오래 소유하고 있다가 강릉시에 소유권을 넘겼다는 것, 허난설헌의 동생 허균 후손들이 여전히 강릉에 살고 있다는 것, 자신이 한학자라는 것, 허난설헌의 시 구절들 등등이 청산유수처럼 흘러나왔다. 나는 감탄했다. 오랫동안 말하기에 단련된 사람의 어투였다. 누가 흉내 내려고 해도 쉽지 않을 것 같았다. 그는 문화해설사였다. 그가 들려주는 이야기들도 흥미로웠으나 나는 그가 갑자기 나타난 방식과 태연한 태도에 더욱 집중했다. 소위 사람들이 말하는 이야기꾼을 아주 오랜만에 본 기분이었다.
　한참을 듣고 있는데 그가 불쑥 강릉 순두부 커피를 마셔보았느냐고 물었다. 우리는 고개를 저었다. 순두부와 커피라니, 나로서는 생각해본 적 없는 조합이었다. 그는 강릉에 왔다면 그 음료를 꼭 마셔봐야 한다며 길 건너편 카페를 추천해주었고 우리는 그곳으로 가 순두부 커피를 마셨다. 아주 고소하고 맛있는 커피였다.

그 후 서울로 돌아오는 기차에서 문득 윌리엄 트레버의 「욜의 추억」이 떠올랐다. 『윌리엄 트레버 단편집』에 실린 첫 단편인데, 이 작품에서 남프랑스로 휴가를 온 두 영국인, 미스 티처와 미스 그림쇼 앞에 생면부지 낯선 사람이 등장해 아무도 묻지 않은 이야기를 주절주절 시작한다. 그의 이름은 퀼런으로 아마도 아일랜드인일 것이다. 그는 자신이 사립 탐정으로 어느 불륜 커플을 추적하고 있다고 밝힌다. 그러면서 물에 빠진 어머니를 구하려고 아버지까지 바다에 뛰어드는 바람에 두 사람이 "한 쌍의 동전처럼 가라앉고"* 말았다는 이야기까지 전한다. 그의 말을 듣는 두 영국인 여성 중 한 사람은 상념에 잠긴다.

나는 이 작품을 여러 번 읽었다. 가본 적 없는 욜이라는 지명이 낯설면서도 아련하게 느껴졌고, 유럽인이 아니기에 영국인과 아일랜드인이라는 정체성이 이 소설에서 어떻게 맞부딪히고 있는지 어렴풋한 추측밖에는 할 수 없어 궁금증이 일었고, 무엇보다도 정체불명의 낯선 사람이 갑자기 눈앞에 나타나 내가 묻지도 않았는데 결국 인생이라는 단어를 떠올릴 수밖에 없는 이야기를 줄줄 해주는 상황이 매력적이라고 생각했다. 가끔 퀼런과 같은 인물을 만난 것 같기도 했다. 그러나 이 단편을

---

* 윌리엄 트레버, 「욜의 추억」, 『세계문학 단편선 15: 윌리엄 트레버』, 이선혜 옮김, 현대문학, 2016, 17쪽.

읽은 이후로 그와 비슷한 사람을 만난 건 처음이었다. 나는 그에게 커피라도 대접하고 싶었다. 그때는 그저 잘 들었다는 감사 인사만 전했지만.「욜의 추억」에서 퀼런은 두 영국인 여성들에게 아페리티프를 대접한다. 빨간 액체라 묘사되는 것으로 보아 아마도 아페롤이나 캄파리일 것이다. 그 후 퀼런이 퇴장하고("안녕히 가세요. 당신의 어린 시절 추억을 들어서 즐거웠습니다"*), 미스 티처는 자신에게 주어지지 않은 생에 대해 생각한다. 저녁에 먹을 부야베스에 대한 기대로 회한이 사라지기 전까지.

 어쩌면 내가 문화해설사의 말을 열심히 들었던 것도(지금도 대부분의 내용을 기억하고 있다) 이 작품을 읽자마자 낯선 사람이, 혹은 내가 낯선 사람에게 인생의 비의를 순간적으로나마 노출하는, 그래서 인생에 대한 인식이 앞으로는 조금쯤 달라질 것 같다고 예고하는 구조의 이야기를 많이 읽어왔으며 앞으로도 많이 발견하고 싶다는 생각을 하고 있었는데, 뭐랄까, 작품이 아닌 현실에서 그런 상황을 경험하고 있다는 기분에서였을 것이다. 나는 몰입했고, 그는 공적인 일을 하고 있었지만 그럼에도 불구하고, 허난설헌이라는 당대의 시인이 살았던 장소에 켜켜이 내려앉았을 여러 사연들을, 그를 포함해, 잠시 경험해본 것 같았다.

 *   같은 책, 22쪽.

유품

외할아버지가 『고문진보』를 남겨주셨다면 할머니는 옥편과 가톨릭성경, 그리고 『다빈치 코드』를 남겨주셨다. 나는 할머니가 돌아가신 2009년까지 9년 동안 할머니와 살면서 몇 차례 이사를 했다. 한 번은 이사 후 인터넷과 텔레비전 이전 설치가 늦어졌다. 할머니는 텔레비전을 볼 수 없어 매우 심심해하셨다. 이사하고 이틀째 되던 날, 할머니는 내게 『다빈치 코드』를 사다달라고 말씀하셨다. 나는 요청에 따랐다.

    할머니는 일찌감치 가톨릭 세례를 받으셨는데, 나머지 가족 중에는 신자가 없었다. 아버지는 제사며 차례도 없앨 겸, 가톨릭식 장례 절차를 대비할 겸 언젠가부터 열심히 성당에 출석했다. 그 무렵 내게 "사람에게는 그래도 종교가 필요한 것 같다"고 말한 적이 있는데 지금은 냉담자일 것이다. 할머니도 성당 봉사활동에 열심히 출석하셨지만 어느 요양병원에서 담당자가 "맨 노인들만 왔네……" 하는 말을 들으신 뒤로 성당 출입이 뜸해지셨다. 그래도 한국식 샤머니즘과 결합된 희미한 믿음은 갖고 계셨고, 『다빈치 코드』에 대한 얘기를 어디선가 듣고 궁금해지신 모양이었다.

 할머니는 그 책을 푹 빠져 읽으셨다. 비슷한 나이에 해당하는 사람들과는 다르게 올빼미 유형이었던 할머니께서 밤에 형광등 불빛 아래 구부정하게 앉아 탐독하고 있던 모습이 선명하게 생각이 난다. 여기서 일화 하나. 대학 시절 일거리를 찾다가 어느 회사의 한자투성이 사원 명부를 한글화하는 작업을 맡게 된 적이 있었다. 이름에 사용되는 한자의 세계는 너무나 낯선 것이어서, 이틀 정도 혼자 끙끙거리다 할머니께 구조 요청을 했다. 할머니께서는 포스트잇에 일일이 누군지도 모르는 사람들 이름을 한글로 또박또박 적어주셨다. 수당이 12만 원이었는데, 반절을 드리자 웃으며 손사래를 치셨다. 『다빈치 코드』를 읽으시고 내게 몇 가지 감상을 말씀해주셨는데 이해할 수 없어 나도 그 책을 읽었다. 하지만 기독교에 무지했기에 할머니께 유의미한 대꾸를 하기가 어려웠다. 내가 성당 미사에 몇 번이라도 같이 참석했더라면 좀 나았을까? 『다빈치 코드』는 아마 고모나 아버지가 가져갔던 것 같고 지금은 내게 없다. 아무튼 그때는 내가 할머니를 『다빈치 코드』와 결부해서 기억하게 될 거라고는 상상하지 못했다.

    그때 할머니가 가끔 들춰보시던 옥편과 성경은 아직 갖고 있다. 할머니 방 옷장을 열면 나던 오래된 향수와 나프탈렌 냄새가 배어 있는 것 같기도 하다. 한자도 성경도 휴대폰 앱으로 쉽게 검색할 수 있게 되었지만 이 책들은 앞으로도 가끔 들춰볼 것 같다. 유품으로 남겨진 물건들이고, 또 이와는 관련 없이, 내게 의외의 발견을 가져다줄 수도 있을 테니까.

헤엄치기

나는 오랫동안 수영을 배우고 싶었다. 한때는 집에서 가까운 수영장에 월 정기권을 끊어 나름대로 꾸준히 출석했다. 하지만 영법을 제대로 배운 적은 없었다. 게으름뱅이가 제 발로 물속에 들어가 허우적거리기를 행하는 것만 해도 장족의 발전이기는 했다. 자유형과 개헤엄을 기묘하게 결합한 동작으로 레인 끝에서 끝까지 헉헉거리며 두어 번 왕복하고 나면 피로해졌다. 어떤 두려움도 있었다. 예전에 읽은 김영하의 어느 단편에서 샤워장에서 입구를 착각하는 바람에 알몸으로 수영장에 입장해버린 어느 여성의 이야기가 가끔 머릿속을 맴돌았다. 인간의 신체는 신체일 뿐, 맨몸을 남에게 보인다는 건 실은 별일 아니라고 생각하면서도 머릿속에서 의지와는 다른 현상이 일어나 샤워장과 수영장 입구를 혼동하는 일이 내게도 충분히 벌어질 수 있다고 생각하면 다소 무섭기도 했다. 그러다 어느 날 저 멀리 아는 사람이 물에 뛰어드는 모습을 보았고, 그날로 수영을 그만두었다. 스스로도 납득되지 않는 논리였지만 혼자서는 좀처럼 늘지 않는 수영 실력을 탓하는 대신 그냥 그만둘 구실이 되기는 했다.

    시간이 지났다. 올리버 색스의 『모든 것은 그 자리에』를 읽기 시작했다. 일단 표지가 아름다웠고, 올리버 색스가 여느 환자들이 아닌 자신의 이야기를 어떻게 쓰고 있을지 궁금했다. 첫 챕터의 제목은 "물아기"로, 자신을 포함한 모든 형제가 물아기로 거의 태어나자마자 수영을 시작했다고 시작하고 있었다. 색스는 수영을 배운 적이 없다고 했다. 하지만 계절이 허락하는 한 강이나 바다에서 아주 오랫동안 수영을 했고, 그의 아버지는 아흔네 살까지 날마다 수영을 했다는 얘기가 깊은 인상을 남겼다. 나는 이 책을 끝까지 다 읽었지만 몇 년이 지난 지금 기억에 남는 건 오로지 그의 수영 이야기다. (그만큼 그의 수영에 대한 애정이 놀라웠다.) 날마다 체력의 한계를 몰아붙이며 수영한다면 내 뇌도 지금보다는 좀 더 잘 기능하지 않을까, 나는 알고 싶었다.

    그러는 동안 여기저기서 수도 없이 유산소 운동을 해야 한다는 말이 들려왔다. 의외로 책 읽기만으로는 뇌의 노화를 방지하지 못하고, 달리기나 수영을 해야 노화가 늦춰져 책을 읽을 수 있다는 얘기였다. 누군가 수영 선생님을 소개해주어 이번에는 제대로 수영을 배우기 시작했다. 도중에 코로나19가 창궐해 몇 달간 강습이 중지되기도 했지만, 내 게으른 성정에도 불구하고 한 팔 접영까지는 용케 익힐 수 있었다. 뇌의 노화가 늦춰졌는지는 파악할 수 없었다. 그래도 수영 후 깨끗이 씻고 집에 돌아오자마자 맥주 한 캔을 따서 책상 앞에 앉으면 무엇이건 읽을 수 있다는 기분이었다. 격리와 봉쇄가 이루어지던 시기 초반에 수영장이 모두 문을 닫았다가 몇 달 후 제한적으로 입장이 가능해졌을 때, 물에 들어가 몸 풀기로 25미터 레인을 두어 번 가볍게 왕복하면서 내게도 신체가 확실히 있구나, 그런데 그것이 꽤 살아 있구나, 감각했던 기억이 선명하다. 그 활발해진 신체의 일부는 책 읽기에 쓰였다. 그리고 여전히 쓰이고 있다.

내일은 'a'를 가르치세요

"나야 나, 보르헤스란 말이야"와 더불어 아무 때나 자주 떠오르는 소설 속 문장은 "내일은 'a'를 가르치세요"*다. 존 쿳시의 『포』가 끝나갈 무렵 등장하는 대사다.

도서관 열람실에서 대출하지 않고 읽었던 책이라 아쉽게도 제목이 전혀 기억나지 않는 책 얘기를 해야겠다. 비트겐슈타인의 일기 한 대목이 인용되어 있었는데, "너를 그저 어제보다 개선시켜라"라는 의미의 문장이 있었다. 당최 무슨 책이었는지 알 수가 없어 그 책을 읽었던 도서관에도 가보고 검색도 해보았지만 찾지 못했다. (일단 저자가 비트겐슈타인은 아니었던 것이 확실하다.) 어쨌거나 이 말은 내게 일종의 알리바이가 되어 오늘은 게으르지만 내일은 덜 게으르면 되지, 이런 생각을 정당화

* 존 쿳시, 『포』, 조규형 옮김, 책세상, 2003, 224쪽.

하는 데 일조하기도 했다. 다소 비아냥거리듯 썼지만 그래도 긍정적으로 사용된 측면도 크다. 그때부터 지금까지 이 말은 내게 오늘을 살아가는 큰 힘이 되어주었다.

그 후에 『포』를 읽었다. 다니엘 디포(저메인 데포라는 축구선수가 있는데 후손일까? 성의 철자가 같다)의 『로빈슨 크루소』를 다시 쓴 이 작품은 수전 바턴이라는 여성 화자에 의해 서술된다. 이미 고전의 반열에 오른 이 소설에 대해 내가 달리 덧붙일 말은 없고, 그저 진짜 이야기의 주인일지도 모를, 그러나 영어를 하지 않는, 그래서 이 소설의 다른 인물들과 언어적으로 교류하지 않는 프라이데이가 글자인지 낙서인지 모를 끄적거림을 시작하는 장면이 내게 상당한 충격을 주었다는 점을 밝히고 싶다.

수전 바턴은 프라이데이의 입을 열려고 여러 방법을 동원하지만 모조리 실패한다. 그를 본국으로(그러나 그곳이 어디지? 아프리카? 아프리카는 나라가 아니라 대륙이다) 돌려보내려고 하지만 이마저도 수포로 돌아간다. 포 선생님은 빚쟁이들의 독촉에 시달린다. 어서 그 섬에서 있었던 진짜 이야기를 소설로 쓰지 않으면, 그래서 돈을 벌지 않으면 다들 길거리에 내몰릴 판이다. 프라이데이가 말해야 한다. 그것도 시급하게. 그래서 수전 바턴은 오늘 'o'를 가르치고, 내일은 'a'를 가르쳐야 한다. 나는 소설의 맥락과는 상관없이 이 대사를 일종의 좌우명으로 삼았다. 내일은 내게 'a'를 가르쳐야지. 그럴 수 있다면. 그럴 수 없더라도 가르쳐야지. 내가 아니라면 다른 이에게서라도 가르침을 받아야지.

 이와 느슨하게 관련된 이야기가 있다. 2000년에 개봉한 샘 멘데스의 영화 「아메리칸 뷰티」를 극장에서 보았는데 전체 줄거리는 바로 잊었지만 극중 공인중개사로 나오는 아네트 베닝의 대사는 지금도 거의 날마다 생각이 난다. 결연한 표정으로 어느 주택을 바라보며 이렇게 되뇌는 것이다. 아이. 윌. 셀. 디스. 하우스. 투데이. 나는 이 대사를 이렇게 바꾸어 말한다. 나는. 이 원고를. 오늘. 꼭. 다. 쓸 거야. 혹은 이 글과 더 어울리게, 이 책을. 오늘. 다. 읽고. 만다. (하지만 오늘 다 못 읽으면 내일 읽으면 될 일이다.) 언젠가 유튜브를 검색해보니 나와 비슷한 생각을 한 사람이 있었는지 해당 장면을 짧게 편집해 올려둔 영상이 있었다. 나는 바로 저장했다. 요새도 가끔 꺼내 본다.

피아노 교습

목련꽃이 피는 계절이다. 지난주에는 헌법재판소에서 대통령을 파면한다는 선고가 내려졌다. 그날 저녁 걸어서 반 시간 거리에 있는 도서관에 책을 반납하러 가는 길에 목련나무 앞에서 활짝 웃으며 사진을 찍는 사람들을 많이 보았고 어느 건널목에서는 내 아버지 연배로 짐작되는 남성이 책을 한 권 손에 들고 기세 좋게 흔들흔들 걸어가는 모습을 보았다. 주황색이 언뜻 보이는 표지였다. 20-30미터 떨어져 있었지만 그가 쥔 책이 한강의 『소년이 온다』라는 걸 단박에 알 수 있었다. 그 풍경을 오래 기억하고 싶었다.

    말을 하건 글을 쓰건 나는 다른 이야기부터 꺼내는 경향이 있다. 이번에도 그랬다. 원래는 목련꽃을 보니 떠오른 소설이 있다고 시작하려고 했다. 이제 목적을 수행해야겠다.

마르그리트 뒤라스의 『모데라토 칸타빌레』를 언제 처음 읽었을까? 내가 갖고 있는 번역서의 초판 발행일이 2001년 4월 25일인 것을 보니 그 무렵이었을 걸로 짐작된다. 나는 이 짧은 소설을 여러 번, 아마 스무 번쯤 읽었을 텐데, 일단 책의 만듦새가 마음에 들었다. 판형이 작아 주머니에 쓱 넣어 다니기가 편했고, 한 여자와 한 남자가 마을에서 일어난 살인사건에 대해 이야기를 나누지만 실제로는 자신들의 이야기를 하고 있는 상황의 안타까움과 위태로움이 언제 읽어도 좋아서였다. 나는 클래식 음악에 대해서는 문외한인데, 그럼에도 "보통 빠르기로 노래하듯이"라는 의미를 지닌 모데라토 칸타빌레라는 제목을 여러 번 되풀이해 발음하다 보면, 작중 인물들 사이에서 오가는 말소리가 그랬으려나, 막연히 상상하게 되고 그들의 대화를 옆에서 듣고 있는 기분에 빠지기도 했다.

소설은 아이가 피아노 교습을 받는 장면으로 시작한다. 선생이 아이에게 모데라토 칸타빌레의 뜻을 묻고, 아이는 고집을 부리며 완강하게 대답하지 않는다. 아이의 어머니는 난처한 얼굴로 중재자를 자처한다. 그가 이 소설의 주인공인 안 데바레드다.

마을에서 치정에 얽힌 살인 사건이 벌어지고, 안은 우연히 마주친 쇼뱅과 이에 대해 이야기를 나누게 된다. 외견상 심상하게 흘러가는 대화들의 행간에는 좌절된 욕망이, 때로는 권태로움이, 가끔은 분노가, 그리고 시작이 곧 결말이기에 강렬해지고 무참해지는 사랑이 숨겨져 있을 것이다. 안은 지역 유지의 아내로 얼굴이 상당히 알려져 있어서 프랑스라 하더라도 수십 년 전 지방 해안가 마을에서 대낮부터 카페에 앉아 남편이 아닌 남성과 술을 마신다는 건 소설 속에서 용납되기 어려운 일로 그려진다. 아이가 피아노를 치고 응석을 부린다. 카페 주인이 넌지시 시간을 알려주고, 그들의 대화가 내밀해지는 기색을 보이면 라디오 볼륨을 높여 소리의 장막을 쳐준다. 그들은 안전하지 않다. 그들도 알고 있다. 안은 아이의 피아노 교습을 구실로 집에서 나올 수 있다. 쇼뱅과의 대화가 거듭될수록 안은 위험해진다. 그때 목련꽃이 본격적으로 등장한다. "정원의 북쪽 끝에서는 목련꽃이 향기를 토해내고, 그 향기는 모래 언덕을 넘고넘어 멀리 사라져 간다."* 아마도 그 나무에서 꺾었을 목련꽃은 안의 드레스에도 장식되어 있다. "그 여자는 황급히 드레스의 매무시를 고쳤다. 가슴 사이에서 꽃 한 송이가 시들어갔다."* 목련꽃은 안의 욕망을 적나라하게 상징한다. "목련꽃의 타는 향이 바람을 타고 날아와, 홀로 핀 한 송이 꽃 향기만큼이나 그를 사로잡고 견딜 수 없도록 괴롭힌다."*

* 마르그리트 뒤라스, 『모데라토 칸타빌레』, 정희정 옮김, 문학과지성사, 2001, 98쪽.
* 같은 책, 99쪽.
* 같은 책, 103쪽.

그래서 이들은 어떻게 되었을까? 이 소설을 처음 읽었을 때는 난도 높은 어른들의 사랑이란 이런 건가 하고 단순하게 생각했다. 쇼뱅의 의미심장한 말 다음에 안이 "그대로 되었어요."*라고 대꾸한 것은 이해하긴 어려웠는데도 울림이 상당했다. 몇 년이 지나 다시 읽었을 때 안이 아이의 피아노 교습을 외출 구실로 삼고 있다는 데 눈길이 갔다. 그것 말고는 잠시라도 집을 나올 수 있는 방법이 정말로 없었을까. 그랬겠지.

『마담 보바리』에도 비슷한 이야기가 있다. 로돌프에게서 말 그대로 버려진 에마는 남편과 루앙으로 오페라를 보러 갔다가 옛날에 호감을 가졌던 레옹과 재회한다. 그리고 두 사람은 본격적인 연애를 시작한다. 그러려면 구실이 필요하고, 에마는 일주일에 한 번씩 피아노 교습을 받아야겠다고 남편에게 말한다. 그녀는 목요일마다 역마차를 타고 루앙으로 간다. 실존적인 욕망이 없는 NPC 같은 존재인 보바리 씨는 아무것도 눈치채지 못한다. "어쩌면 루앙에 랑프뢰르라는 피아노 선생이 여러 사람 있는지도 모르지?"* 배면의 의미가 없는 이 질문에 에마는 가까스로 임기응변을 동원해 대답하고, 이후 그의 삶은 거짓말투성이가 된다.

* 같은 책, 120쪽.
* 귀스타브 플로베르, 『마담 보바리』, 김화영 옮김, 민음사, 2009, 391쪽.

나도 피아노 학원에 다닌 적이 있다. 같은 학교 학부모가 운영하는 곳이었는데 동네 아이들 대부분이 등록해 있었다. 나는 피아노가 싫었다. 부부였던 원장 선생들도 싫었다. 이에 얽힌 이야기를 하고 싶지만…… 아무튼, 나는 건성으로 연습했고 가끔 대기하는 경우에는 학원에 비치된 책들을 읽고는 했다. (기억나는 책이 있다. 제목에 "구한말"이 들어가는 아동용 역사서였는데, 농민봉기가 일어나고 진압되는 과정에서 우두머리들이 잔뜩 처형되어 그 머리가 장대에 꽂혀 부패하는 과정을 그린 삽화가 있었다. 그런 그림에서 나는 어떤 교육적 효과를 얻었을까? 불의에 맞서 혁명을 일으키기보다는 목이 잘리지 않으려면 굶어 죽더라도 순응해야겠다, 이런 생각을 했을까?) 의외로 하농 연습을 좋아했지만 체르니 30번인가를 겨우 떼고 중학교에 진학하면서 피아노 교습을 그만두게 되었다. 소질도 없었고, 의지도 없었다. 집에 낡은 피아노가 있었지만 주로 케이스 안에 비밀 일기 따위를 넣어두는 용도로 쓰였다. 들키기 싫은 물건들의 무게로 인해 그 부분에 해당하는 해머가 제대로 작동하지 않아 몇몇 건반이 이상한 소리를 내거나 아무 소리도 내지 못했다. 학원 선생들은 내 일거수일투족을 고발하는 사람들 같았다. 내가 무엇을 했고 또 무엇을 잘못했는지 집에 즉시 알려졌다. 내게도 피아노 학원은 집에서 벗어날 수 있는 구실로 작동했지만, 피아노 학원이 또 하나의 억압기제가 되면서 도저히 마음을 붙일 수 없는 공간일 수밖에 없었다.
　이런 이야기를 하다 보니 제인 캠피온의 영화 「피아노」, 엘프리데 옐리네크의 『피아노 치는 여자』도 떠오른다. 『안나 카레니나』에서도 키티가 피아노를 배우는 장면이 나왔던 것 같은데…… 분명 어떤 작품들에서 피아노는 자아를 연장하고 마침내 해방하는 기능을 한다. 한데 내가 한동안 찾았던 건 피아노 교습을 구실로 가까스로 잠시 구속에서 벗어나는 여자들이 나오는 이야기다. 많은 자료를 수집해서 뭔가 긴 글을 써보고 싶었는데 일단은 이렇게 짧은 글로 마무리해야겠다.*

---

*　이렇게 쓰고 아쉬워서 챗GPT에게 물었더니 이디스 워튼의 『기쁨의 집』, 헨리 제임스의 『거장의 교훈』, 가스통 르루의 『오페라의 유령』을 읽어보라는 답이 돌아왔다. 『기쁨의 집』은 읽었지만 기억이 가물가물하고 나머지 두 책들은 아직 읽지 않았으니 이번이 읽을 기회라는 생각이 든다. 요새는 챗GPT가 내 독서 목록을 확장하는 기능을 톡톡히 하고 있다.

같이 읽기

요새는 마르쿠스 가브리엘의 『허구의 철학』을 읽고 있다. 진작부터 시작했어야 하는 책인데 이 원고를 쓰느라고 다소 지체되었다. 같은 독서 모임에 소속된 한 친구가 고른 책이다. 이 모임의 구성원은 모두 일곱 명이다. 우리가 지금까지 읽은 책들은 알리 스미스의 『겨울』, 조르주 바타유의 『파시즘의 심리 구조』, 엘러리 퀸의 『Y의 비극』, 로버트 올터의 『필요한 천사들』, 가야트리 스피박의 『읽기』, 존 쿳시의 『소년 시절』과 『청년 시절』이다. 읽어 올 책들은 주로 아무렇게나 결정된다. 먼저 말하는 사람이 정하는 식이다. 나는 이 방식이 마음에 든다. 서로 신뢰할 수 있는 사이에서 이런 방식은 의외로 민주적이다.

 이 모임이 시작된 건 청년 시절을 벗어났거나 그 직전에 있는 친구들이 뇌 썩음을 방지하거나 최대한 미루어야 한다는 위기의식 때문이었다. 나를 포함한 구성원들의 직업은 다종다양한데, 다들 책 읽기를 좋아하지만 이런저런 이유로 자꾸만 독서를 미루고 있다는 공통점이 있었다. 누군가 총대를 멨다. 첫 책은 아마도 올터의 『필요한 천사들』이었을 것이다. 읽은 책이었기에 나는 안도했다.

각자 책을 읽고 만나서 이야기한다, 이게 이 모임의 기본 형식이다. 가능하다면 만나기 전 책과 희미하게라도 관련이 있는 음식을 먹기도 한다. 하지만 주로 발터 벤야민을 이야기하는 『필요한 천사들』과 연결성을 조금이라도 느낄 수 있는 음식점을 찾기가 어려웠다. 그래서 그날 무엇을 같이 먹었지? 기억나지 않는다. 『Y의 비극』을 읽던 주간에는 포도와 사과를 먹으려고 시도했던 것 같다. 소설의 배경인 미국 음식을 먹기로 해서 결국 햄버거 따위로 때웠던 것도 같고. 여기까지 읽었다면 짐작하다시피 대충대충 대강 되는 대로 같이 뭔가를 읽는 데 의의가 있는 모임이다. 적어도 나는 그렇게 생각하고 있다.

『허구의 철학』은 700쪽이 넘는 두꺼운 책이다. 우리는 지금까지 시도하지 않았던 방식인 발제를 해보기로 했다. 가위바위보로 순서가 정해졌다. 운 좋게도 나는 첫 발제자가 되는 걸 피했다. 하지만 당장 다가오는 일요일까지 책을 읽어야 하는데, 이제야 첫 페이지를 펼치고 있다. 오늘은 월요일이다. 그리고 첫 문장부터 난관에 봉착한다. "가상(Schein)은 존재(Sein)다."* 철학에 무지하며 실재론을 다루는 책을 최근 몇 년간 거의 읽지 않았던 내게는 감당하기 어려운 첫 문장이었다. 인내하며 몇 단락을 더 읽었다. 저자가 왜 이 책을 쓰게 되었는지 조금 알 것도 같았다. 하지만 길잡이가 필요했다. 나는 독서 모임 단톡방(단톡방 이름이 정직하게도 진짜 '독서 모임'이다)에 질문했다. "머리말 읽기 시작했는데 이 사람이 말하는 허구라는 것이 실재의 반대급부를 총칭하는 것이 맞음?" 아니라는 답이 돌아왔다. 존재들을 허구 대 실존으로 보는 게 아니라 뭔가 여러 의미망 속에 배치들로 봐서 어떤 의미망에 배치되느냐의 차이로 보는 것 같다는 의견도 나왔다. 문학이란 결국 추상화된 전체를 개별적으로 격파해보려는 시도이기도 하다고 생각하는 나로서는 무척 재미있는 독서가 될 것 같았다. 친구들에게 감사했다. 직접 더 읽어보고 이에 대해 이야기를 나누면 생각이 또 다른 지점에 도달하리라는 기대가 있다. (서문에서 언급한 「알레프」도 이 책으로 인해 다시 읽게 되었다.)

    이 책을 다 읽으면 한 계절이 지나 있을 것이다. 우리는 약속을 자주 미룬다. 너나 할 것 없이. 누군가 일정을 미루면 대개 나머지는 환호한다. 천천히 읽어도 좋으니까. 언제고 읽게 되니까. 미뤄지는 시간만큼 잔뜩 게으름을 피울 수 있으니까. 저마다 사정이 있고 우리는 이해한

---

*   마르쿠스 가브리엘, 『허구의 철학』, 전대호 옮김, 열린책들, 2024, 19쪽.

다. 뇌 썩음 방지 말고는 딱히 목적이 없는 집단적 독서가 꽤나 즐거울 수 있다는 걸 나는 이제야 알았다.

몇 년에 한 번씩 안부를 주고받는 친구에게서 몇 년 전 들었던 이야기. 같이 책 읽는 친구들이 있는데 각자 책을 읽고 다 읽은 책들을 서로 택배로 부쳐준다는 얘기였다. 이런 방식이라면 몇 주에 걸쳐 여러 권의 책을 읽게 되고, SNS나 카카오톡 따위로 읽은 경험을 한 번에 얘기할 수 있다고 했다. 나는 그런 관계가 부러웠다. 수업을 제외하면 내게 독서는 언제나 혼자 하는 것이었고, 책 택배를 보내고 받는 수고를 감수할 수 있을 정도의 인간관계도 딱히 없었다. 발상을 달리하면 되었을 것을, 나는 요새 가끔 이렇게 생각한다.

이 원고의 출발점은 대니 샤피로의 『계속 쓰기: 나의 단어로』다. 연남동의 독립서점 무슨서점에서 이 책을 함께 묵독하는 시간을 가질 기회가 있었다. 토요일 오전 10시부터 시작했는데, 토요일 오전에 택시가 잘 잡히지 않는다는 걸 그 시간대에 움직일 일이 별로 없는 나로서는 그날 새로이 학습하게 되었다. 부랴부랴 도착해보니 다들 이미 책을 읽고 있었다. 조용히 합석했다. 눈이 잘 떠지지 않았지만 낯설면서도 친숙한 얼굴들과 같이 책을 읽고 있는 시간이 소중했다. 햇빛이 들어오고, 고개를 숙인 사람들, 책장이 넘어가는 미세한 소리, 다 같이 뭔가 하고 있다는 감각.

함정임의 소설 『밤 인사』에도 함께 묵독하는 장면이 등장한다. para-n이라는 독서 모임에 참석한 이들은 보들레르의 『파리의 우울』이나 장 보드리야르의 『사라짐에 대하여』, 장 뤽 낭시의 『나를 만지지 마라』를 읽는다. 묵독은 때로 대여섯 시간 이상 이어지기도 한다. 후에 작가에게서 직접 들었던 n의 의미는 night, 혹은 nuit, 즉 밤이었다. "연남동 카페 라뉘에서 열두 명이 모여 밤 9시부터 다섯 시간 동안 보들레르의 『파리의 우울』을 묵독한 뒤였다."* 자정이 지나고 새벽 2, 3시쯤 누군가 집중력을 잃지는 않았을까? 그 모습을 나머지 열한 명에게 들키기 싫어 눈을 더 크게 뜨고 책에 얼굴을 파묻은 사람은 없었을까? 실은 나머지 열한 명도 모두 같은 생각을 하고 있던 건 아닐까? 확률이 희박하긴 하지만, 묵독회에 참석한 열두 명의 독자들은 예수의 열두 제자들처럼 자신이 읽고 있는 책을 신성시하며 누구보다도 또렷하게 활자들을 마음속 깊이 받아들이고 있었을까? 나라면 남들보다 빨리 읽고 빨리 온전히 이해하고 싶어 조바심이 났을 것 같기도 하다.

하나 더. 독서 모임을 갖는 도중에 이런 질문이 나왔다. 조르주 바타유의 『파시즘의 심리 구조』를 읽는 주간이었다. 동질성과 이질성 개념이 난해했지만 우리가

---

* 함정임, 『밤 인사』, 열림원, 2025, 10쪽.

살아가고 있는 현재를 동원해 생각해볼 때 이해가 아주 어렵지만은 않은 책이었다. 누군가 불쑥 이런 질문을 던졌다. 우리가 이 책을 읽고 더 나은 존재가 될 수는 있겠지, 가능한 일이고. 한데…… 이 책을 꼭 읽었으면 하는 사람들이 더 있지 않아? 그들에게 이 책을 읽히려면 우리는 어떻게 해야 할까?

답은 없었다. 모종의 엘리트 의식을 전제하지 않고 답을 찾는 것도 불가능해 보였다. 이 질문은 스피박의 『읽기』나 사사키 아타루의 『잘라라, 기도하지 않는 그 손을』을 읽을 때 내심 떠올렸던 생각과도 관계가 있었다. 나는 모르겠다고 대답했다. 무책임한 답변이었지만 정직한 것이기도 했다. 이 원고에서 다 밝힐 수 없는 개인적인 사건들을 떠올렸다. 다음이 있겠지, 그리고 또 그다음이. 이 책과 곁들여 읽었던 『파시스트 되는 법』* 마지막에 실린 질문지에 따르면 나는 약간 파시스트 성향이 있다. 다들 그랬다. 우리는 질문들에 각자 답하며 많이 웃었다. 위기의식이 버무려진 웃음이었다. 나도 한 20년 전에 파시스트였지, 성향이 있었던 것 같아…… 그러나 지금은 아니기 위해 노력한다…… 노력하려면 반드시 책을 읽어야 한다…… 좋은 책들은 우리를 좀 더 나은 쪽으로 이끌어줄 것이다…… 그럴 것이다…….

* 미켈라 무르지아, 『파시스트 되는 법』, 한재호 옮김, 사월의책, 2021.

그렸다 지우기

나는 사람들의 얼굴을 잘 알아보지 못한다. 흔히 말하는 안면인식장애(이 단어는 남용되고 있다)는 아니다. 어렸을 때는 사람들과 눈을 마주치지 못했고 자연스럽게 타인의 얼굴들에 관심이 없어졌으며 해가 거듭될수록 만나게 되는 사람들 숫자가 늘어나다 보니 하나하나 기억하는 것이 힘들어졌다. 나만 이런 것 같지는 않아서, 오랜만에 만나는 사람들이 나를 잘 기억하지 못하는 듯하면 먼저 내 이름과 전에 만났던 장소를 밝히고는 한다. 문제는 그 반대다. 내가 얼굴도 이름도 만남도 기억하지 못해서 소위 문단 술자리에서 몇 번인가 곤란을 겪은 적이 있다. (그리고 나는 이 경험을 소설에 쓴 적이 있다…….)

하지만 장점도 있다고 생각한다. 애초에 상대방을 잘 보려고 하지 않으니 외양이 전달하는 정보들 중 상당수가 휘발되는 것이다. (그런 것 같다.) 진실은 내면에 있으며 외관은 대부분 거짓이라는 격언들을 신봉하는 건 아니다. 진실은 내면에도 외관에도 있을 수 있다. 내가 믿지 않는 건 나다. 외적인 부분들을 접하고 어쩔 수 없이 내 안에서 생성되는 판단들이 있는데, 내가 나이기에 이를 전부 믿어서는 안 되는 것 같다. 나는 적합한 판단자가 아닐 것이다.

첫 만남뿐만이 아니다. 언젠가 나는 이와 관련해 인식론적으로 놀라운 사건을 겪었다. 많은 사람들이 "에게, 고작 그런 일이?"라고 할 것 같지만 내게는 다소 충격적으로 다가왔던 경험이었다.

몇 해 전 대전에 있는 한 대학교에서 직원들을 대상으로 글쓰기 수업을 해달라는 요청이 있었다. 수업을 며칠 앞두고 어머니와 다른 일로 통화를 하다가 대전에 하루 다녀오게 되었다는 얘기를 꺼냈다. 어머니는 반색하며 끝나고 커피라도 한 잔 마실까, 하셨다. 나는 알겠다고 했다. 기차를 타고 대전으로 갔다. 수업이 끝나고 근처 카페로 갔다. 파스쿠치 아니면 탐앤탐스였다. 어머니를 만났다. 돌이켜보니 어머니와 이런 프랜차이즈 카페에 온 것이 난생처음이었다. 생경하고 어색한 시간이었다. 저녁에 대전에 사는 친구를 만나기로 되어 있었다.

그리고 무슨 이야기를 시작했더라? 기억에 없지만 갑자기 지난 여행들이 화두에 올랐다. 대화가 고조되었다. 어머니는 휴대폰 사진첩을 열어 지난 몇 년간 당신이

어딜 다녀왔는지 열정적으로 말하기 시작했다. 어머니의 여행지에는 몽골도 있었고, 미국 서부도 있었다. 케냐 국립공원도 있었고, 중국 장자제(장가계로 더 알려져 있다)도 있었다. 언젠가부터 여력이 닿는 한 지구상의 모든 대륙을 밟아보겠다는 희망을 피력해오셨기에 평균보다 많이 여행을 다녀온 사람이라는 건 알고 있었다. 그런데 그 여행지들 하나하나를 반짝거리는 눈빛으로 최대한 노력을 끌어모아 내게 설명하고 있는 어머니의 모습은 처음 보는 것이었다. 어디가 가장 인상적이었냐고 묻자 그랜드캐니언이라는 대답이 돌아왔다. 낭떠러지에 서 있는데 그 풍경이 얼마나 장엄하고 멋있던지…… 너무 너무 멋있기도 하고…… 그냥 그대로 콱 죽어도 좋을 것 같았어…… 나는 눈을 빛내며 열과 성을 다해 그날의 경험과 감정을 전달하는 어머니를 바라보았다. 회상에 취한 어머니는 내가 바라보고 있다는 사실도 모르는 것 같았다.

    그날 밤 서울로 돌아가는 기차 안에서 내가 이제껏 어머니라는 사람의 극히 일부만 보았는지도 모르겠다고 생각했다. 수백 페이지에서 고작 한두 단어만 읽었던 것에 불과했다고. 어머니만이 아니라 다른 사람들에 대해서도 섣불리 판단한 것이 많았을 거라고. 전에도 알았던 사실이었지만 그날 체감한 정도가 상당했다.

    그 후에 레이첼 커스크의 『윤곽』을 읽게 되었다. 작고 탄탄한 소설이었다. 같은 작가의 『어느 도시 아가씨의 아주 우아한 시골 생활』이나 『알링턴 파크 여자들의 어느 완벽한 하루』를 이미 읽은 적이 있었다. (두 편 다 제목이 주는 선입관을 다소 깨뜨리는 작품들이었다.) 『윤곽』에서 작가는 전작들과는 사뭇 다른 시도를 한다. 역시 작가인 것처럼 보이는 화자가 영국 런던에서 비행기를 타고 그리스 아테네로 떠나면서 옆자리에 앉은 남성 승객의 이야기를 들으면서 시작하는 이 소설에서 화자는 내내 누군가의 이야기를 듣고 있다. 마치 건조한 성격의 청각처럼. 이 작품과 연계되는 『환승』이나 『영광』에서는 점차 화자가 누구인지 드러나지만, 적어도 『윤곽』에서는 화자가 전면적으로 부각되는 일이 드물다. 다만 듣고 옮길 뿐이다.

　화자는 아테네에서 창작 수업을 맡은 모양이다. 런던과는 달리 열기가 느껴지는 곳이다. 화자는 옆자리 승객을 다시 만나기도 하고, 이미 아테네에서 지내고 있는 동료 작가를 만나기도 한다. 5장에서 화자는 옛 지인이자 역시 작가인 파니오타스를 만난다. 두 사람은 어느 식당을 찾는다. 여기에서 "두꺼운 트위드 재킷을 입은 뚱뚱한 남자가 모퉁이 테이블에 앉아, 포크와 나이프로 분홍색 수박을 섬세하게 작은 조각으로 자른 다음, 조심스럽게 입안에 넣고 있었다."* 착석한 뒤 파니오타스는 자신

　　＊　레이첼 커스크, 『윤곽』, 레이첼 커스크, 김현우 옮김, 한길사, 2020, 109쪽.

의 근황에 대해, 그리고 안젤리키라는 다른 작가에 대해 말하기 시작한다. 그의 말에 따르면 안젤리키는 "유럽 여기저기서 상을 받으면서 이제는 문학계 명사로"* 통하는 인물이다. 그의 어조에는 질투와 시기심이 잔잔히 배어 있다. 화자는 묵묵히 그의 말을 듣고만 있다. 파니오타스는 계속해서 안젤리키와 그녀의 작품을 깎아내린다. 부르주아라는 그녀의 계급과 여성이라는 성별도. 화자와 나는 행간에 깃들어 그의 말을 들으며 안젤리키라는 얼굴도 모르는 어느 그리스 작가에 대한 이미지를 쌓아올린다. 그러다 안젤리키 본인이 직접 소설 안으로, 그러니까 아테네의 어느 허구적 식당 안으로 걸어 들어온다.

화자가 바라보는 그는 세련되고 부유한 모습이다. "근사한 회색 원피스"에 "놀랄 만큼 굽이 높은 하이힐을 신고, 옷에 맞춘 가방을 들고 있었다".* 그는 남편이 외교관이어서 오랫동안 외국에서 생활했고 그러는 동안 결혼 생활에서 어떤 본질적인 문제를 감지하게 되었다고 말한다. 이에 대해 화자가 드디어 자신을 노출하며 무어라 언급한다. 그러자 "안젤리키가 우아한 은색 가방 안에서 노트와 연필을 꺼냈다".* 받아 적겠다는 뜻이다. 나는 안젤리키가 누군가의 말을 경청할 준비가 된 사람이

*   같은 책, 115쪽.
*   같은 책, 123쪽.
*   같은 책, 126쪽.

라는 것이 좋았다.

    그의 외모와 옷차림, 남편의 직업, 출신 계층 등은 그를 제대로 알게 되기 전부터 많은 사람들의 머릿속을 선점할 것이다. 파니오타스도, 어쩌면 화자도 마찬가지다. 이들의 발화가 의도적으로 배제된 사이, 안젤리키가 계속해서 말을 이어간다. 우아함과 신발, 허영심, 자리 지키기 등에 대한 이야기가 이어진다. 그리고 화자의 섬세한 배려에 의해 파니오타스도 앞선 언급들과는 다른 그의 모습을 얼핏 볼 수 있는 옛 이야기도 한다. 식사가 끝나간다. 헤어질 시간이 다가온다. 이들은 다음 만남을 예고하며 헤어진다. 화자가 "안젤리키가 마음에 든다고, 사실은 이전에 만난 적이 있는데 본인은 잊어버린 것 같다"*고 한다. 파니오타스는 웃음을 터뜨린다.

    나는 이 장을 여러 번 읽었다. 작중 인물들과 독자들이 가졌을 안젤리키에 대한 선입관을 조금씩 섬세하게 무너뜨리고 재구축하는 서술 방식이 좋아서였다. 부수적인 인물로 배경처럼 등장하는 수박 자르는 남자는 매번 읽을 때마다 새롭게 느껴진다. 그에게도 다른 이야기들이 있을 것이다. 그가 주인공인 이야기도 있겠지. 그간 수많은 안젤리키들을 만났다는 생각도 매번 하게 된다. 내가 섣불리 판단한 경우들이 많았을 것이다. 나도 누군가들에게 안젤리키처럼 비친 경우들도 있었겠고.

   *   같은 책, 155쪽.

아무려나 많은 만남들은 두 번째 만남으로 이어진다. 윤곽은 계속해서 수정된다. 우리에게는 시간이 많고, 매번 새로고침 하게 된다는 건 어쩌면 축복이다.

언제든지

어느 해에는 책을 한 권도 읽지 않았다. 10여 년쯤 전이었는데 그 시기에는 내가 꽤 오랫동안 아무것도 읽지 않고 있다는 걸 자각하지 못했다. 이유는 그냥 뻔한 것이어서 굳이 쓰지 않기로 한다. 아무튼 터널에서 빠져나오고 다시 뭔가 읽어보려고 했지만 초반에는 쉽지 않았다. 인터넷에서 쓱 보고 지나쳤던 뇌 근육이나 마음 근육 같은 유의 "근육"들은 한 번 소실되면 다시 만들기가 어렵다는 걸 절감했다.

어쨌거나 읽어야 했다. 읽지 않으면 직업상으로도 문제가 생겼다. 이 책을 쓰게 된 계기인 대니 샤피로의 『계속 쓰기: 나의 단어로』에는 책상 위나 휴식용 의자 근처에 좋은 책들을 늘 구비해두고 하나씩 꺼내 읽는 저자의 습관이 나온다. 그때는 『계속 쓰기』 책을 접하기 전이었지만 나도 같은 방식을 취해보았다. 효과가 아예 없지는 않았지만 한 권의 책에 몰두하기가 어려웠다. 이 책을 한 페이지, 저 책을 두 페이지 읽는 식의 독서라고 할 수 없는 독서가 이어지다 말았다. (지금은 이런 읽기도 나쁘지 않다고 생각한다. 뭔가 읽고 있기는 하고, 의외로 이런 경험도 가끔은 소위 내면이라는 세계와 연결되기도 하니까.) 그 와중에 책은 꾸준히 샀다. 그러고는 표지를 감상했다. 목차 정도는 확인하기도 했다. 가능하다면 서문까지. 서문이 있는 책이라면.

그러다 어떤 책을 완독하는 데 성공했을 것이다. 아쉽게도 무슨 책이었는지는 기억에 없다. 어느 시점부터 활자들이 자연스럽게 눈에 들어왔다. 조금이라도 애를 썼더니 근육이 조금씩 다시 만들어진 모양이었다. 재미있는 책은 여전히 재미있었고, 어려운 책은 여전히 어려웠다. 디디에 에리봉의 『랭스로 되돌아가다』를 단숨에 읽고는 청소년기에 한 권 읽은 게 전부였던* 아니 에르노의 다른 소설들도 한 권씩 찾아 읽었다. 이 읽기는 후에 에두아르 루이의 『에디의 끝』과 오션 브엉의 『지상

* 『아버지의 자리』였다. 어디서나 볼 수 있었던 무라카미 하루키의 『상실의 시대』를 읽고 박일문의 『살아남은 자의 슬픔』도 찾아 읽었다. 지금은 책을 갖고 있지 않아 어렴풋한 기억에 의존해보자면 이 소설에서 화자가 자신의 어머니를 "아니 에르노를 닮은 여자"로 표현했던 것 같다. 그때는 대상화라는 개념을 알지 못했다. 그저 아니 에르노라는 이국적인 이름의 작가가 궁금했다. 경로야 어떻든 이 작가를 알게 되어 좋았고 지금도 그렇다.

에서 우리는 잠시 매혹적이다』로 이어졌다. 평소 맥락 없이 손에 잡히는 대로 책을 고르는 편인 나는 연쇄적인 의미망을 구축하는 듯한 목록대로 책을 읽게 된 것 같아 기뻤다. 대학 시절 선배가 선물해준 『괴델, 에셔, 바흐』는 역시 어려웠다. (최근 김기태 소설집 『두 사람의 인터내셔널』을 읽다가 그중 「보편 교양」에서 국어 교사인 주인공이 요즘 고등학생들은 쿠르트 괴델이나 윌러드 밴 오먼 콰인을 읽는다고 언급하는 대목을 읽고 많이 놀랐다. 정말로?) 이런 식으로 한 번 파산당했던 사람처럼 회생을 목적으로 하는 독서가 이어졌다. 매일 읽었던 건 아니다. 실은 한두 달 아무것도 읽지 않을 때도 있었다. 가방이나 주머니에 넣어둔 책이 바뀌지 않고 오랫동안 그대로 들어있는 경우도 많았다. 하지만 이번에는 그래도 괜찮다는 생각이 있었다. 읽겠다는 의지가 사라진 건 아니었고, 실제로 엄청나게 바쁜 일들이 있어서 읽지 못한 때도 꽤 있었다. 예전에는 책을 읽지 않는 나에 대해 아무도 요구하지 않는 죄책감을 느끼곤 했는데 그게 불필요한 감정이라는 걸 깨닫고는, 뭐랄까, 할 수 있을 때 하자, 읽을 수 있을 때 읽자, 시간은 많다, 생각했던 것 같다. 요새는 낮이라면 전철에서, 밤이라면 책상에 투명한 아크릴 독서대를 올려두고 읽는다. 어릴 적 스탕달의 『적과 흑』 같은 책들을 밤새워 읽었던 체력은 이제 없어서 한두 챕터 읽고 물러나고는 한다. 그렇게 느린 독서가

지속된다. 현재형으로 썼지만, 앞의 문장은 미래가 될 것이다. 그래야 한다.

작은도서관

 나는 사람들과 교류가 많지 않고 몇 년 전부터는 SNS도 아예 하지 않아 신간이든 재조명받는 구간에 대한 정보가 잘 입수되지 않는다. 글쓰기 수업에서 만나는 학생들이 추천해준 책들을 메모해뒀다가 나중에 찾아보는 정도가 읽지 않은 책들을 접하는 주된 방법이다. 그러다 얼마 전 필요한 책이 있어 도서관 홈페이지를 검색하다가 걸어서 30분 거리에 있는 작은도서관에 가게 되었다.
 뇌 썩음 방지 혹은 지연을 위해 추운 날이었지만 걷기로 했는데, 걸어가면서 흥미로운 장면을 많이 보았다. 처음에는 싸우는 줄 알았지만 가만 보니 취해서 장난치는 중이었던 커플들, 산책 나온 여러 개들, 실내 암벽등반장에서 연습하는 사람들(길가에 면한 벽이 통유리로 되어 있어 한참 구경할 수 있었다), 간판에 이런저런 문구들과 함께 put true heart라고 적혀 있어 당최 무슨 뜻일까 고민하게 한 중국 음식점('진심을 담다'인 것 같다), 작은 공원들. 그리고 도착한 도서관 1층에는 유아용 서적들만 있었다. 유아차를 밀거나 아이들 손을 잡은 보호자들이 보였다. 내게 필요한 책은 4층에 있었다. 가보니 400번대 책들이 꽂힌 서가 바로 옆에 500번대나 800번대 서가들이 있었다. 대학도서관이나 규모가 제법 큰 공립도서관을 주로 다녔기에 그 간단한 배치가 신선했다. 그리고 이내 이러한 공간의 제약이 내게는 큰 장점이 된다는 걸 깨달았다.

나는 주로 800번대 문학 서가만 찾는 경향이 있다. 대형 도서관들은 문학 분야에 할당하는 공간이 커서 필요한 경우가 아니라면 다른 분야의 책들을 살펴보지 않고 그곳을 나오게 된다. 한데 고개만 돌리면 역사서도, 요리책도, 식물학이나 프로그래밍의 역사와 관련된 책들도 일별할 수 있다니, 그 간결함이 좋았다. 나는 그 도서관에서 필요한 책을 비롯해 평소라면 내 눈에 띄지 않았을 책 두 권을 더 골라 대출했다. 『유령의 역사』와 『프로그래머의 뇌』였다.

그 후로 2-3주에 한 번 이런 도서관들을 찾게 되었다. 의외로 동네 곳곳에 작은 규모의 도서관이 많았다. 한 군데씩 가보는 과정 자체가 즐겁기도 하다. 가깝지만 잘 몰랐던 동네를 탐방하는 기분이랄까. 인도와 차도를 주로 보지만 의외로 한적한 골목에 들어서기도 하고, 거의 매번 개들을 만나고, 당근 거래를 하는 사람들을 지나치기도 하고(뭘 거래하는 중일까?), 배달 오토바이들, 드물지만 옆구리에 책을 낀 사람들, 조깅하는 사람들, 케이크 상자를 든 사람들을 지나친다. 그렇게 도착한 도서관들은 저마다 비슷하면서도 다르다. 당연한 말이지만. 내키는 대로 서가 사이를 돌아다니며(몇 발짝 떼지 않아도 된다) 담당 사서가 선별해 구비한 책은 뭘까, 짐작해보기도 하면서 우연한 발견을 기대하는 시간은 꽤 재미있다. 작은 열람실 테이블에 늘 누군가 앉아 책을 읽고 있다는 것도 신기하고. 이 책을 읽는 사람이라면 아마 나보다 먼저 작은도서관의 매력을 알았을 것이다. 여러분은 어느 도서관을 주로 찾는지, 우연히 발견해 읽는 즐거움을 크게 느꼈던 책은 무엇인지, 오가는 길에 어떤 풍경들을 보았는지 궁금하다. 도서관에서 나와 집으로 곧장 돌아가지 않고 커피라도 한 잔 마시는지도. 한 번은 책을 빌려 배낭에 넣고 집 쪽으로 터벅터벅 걷다가 맥줏집이 눈에 띄었고 들어갔다. 생맥주와 먹태를 주문하고 책을 꺼내 읽기 시작했다. 문득 주변이 환해져 고개를 들어보니 가게 주인이 내가 앉은 쪽 조도를 높인 것이었다. 감사했다. 가게 안 다른 곳보다 상대적으로 밝은 빛 아래서 한참 책을 읽으며 맥주를 석 잔 마셨지만 먹태를 다 먹을 수는 없었다. 다음에 도서관에 갈 때는 배낭에 밀폐용기라도 하나 넣어가야지.

시적 문장들

헤르타 뮐러가 2009년 노벨문학상을 받으면서 나는 이 작가의 작품들을 접하게 되었다. 『숨그네』를 제일 먼저 읽었고 읽기를 자꾸만 지연시키는 문장들에 눈길이 갔다. 뮐러의 다른 작품들이 연달아 출간되었고 하나하나 전부 읽었다. 그러면서 작가의 이력도 조금 알게 되었다.
　『마음짐승』도 그 무렵에 읽었다. 배경은 루마니아다. 차우세스쿠 독재정권 치하에서 사람들이 날마다 조금씩 살해당한다. 오늘은 손톱 하나, 내일은 기억 하나 하는 식으로. 비슷한 시기에 80년대 후반 루마니아에서 불법이었던 낙태를 하기 위해 목숨을 거는 두 대학생들을 다룬 크리스티안 문주의 영화 「4개월 3주…… 그리고 2일」을 봤고 『마음짐승』을 읽으며 상상하기 어려웠던 지점들을 메워보기도 했다. 유독 집중하게 되는 문장들이 있었다. 예컨대 이런 문장. "사람들은 선한 사람이 죽으면 눈이 온다고 했다. 그건 진실이 아니다. 아버지가 죽은 뒤 그의 작은 트렁크를 들고 도시로 올 때 눈이 내리기 시작했다."*

    이 문장들이 함의하는 바는 한 문장으로도 정리될 수 있다. 악한 아버지가 죽었다. 헤르타 뮐러의 여러 번역서들을 읽으면서 독일계 루마니아인인 작가의 아버지가 나치 친위대 장교였으며 그 대가로 어머니가 소련 강제 수용소 굴락에서 3년간 강제 노역을 해야 했다는 것, 그 후 차우셰스쿠 독재 정권이 시작되었다는 것, 그 엄혹한 시절에 유명을 달리한 친구들이 많았다는 것, 작가 본인도 독일로 망명해야 했다는 것 등을 알게 되었다. 이런 간단한 문장들로 알 수 있는 건 아마 거의 없을 것이다. 행간을 읽어야 한다는 말에는 많은 의혹이 있지만, 어쨌거나 이런 경우에는 행간의 의미들을 생각하고 상상해야 한다.

    악한 아버지가 죽었다는 사실은 세 개의 문장들로 천천히 알려진다. 이들을 한 번에 읽으면 작가가 무슨 말을 하고 싶은지 대번에 알기가 어렵다. 읽는 이는 문장 하나가 끝날 때마다 읽은 걸 곱씹어야 한다. 생각하고 다음 문장으로 넘어가야 한다. 나는 세 개의 문장을 예로 들고 있지만 의미를 파악하기 위해서는 때로는 세 문단이,

* 헤르타 뮐러, 『마음짐승』, 박경희 옮김, 문학동네, 2010, 86, 87쪽.

때로는 세 챕터가 필요하다. 어떤 사람들에게는 직설적으로 진술하지 않는 이런 문장들이 거추장스럽게 여겨질 것 같기도 하다. 나도 가끔은 그러니까. 하지만 또 가끔은 이처럼 우회하는 문장들에 오래 시선이 머무른다. 그리고 오래 곱씹어본 문장들은 오랫동안 기억에 새겨진다.

파리를 아십니까?

고등학교 시절에 밤이면 아파트 옥상으로 올라가곤 했다. 집에서 걸어서 10분쯤 떨어진 아파트 단지였다. 아는 사람 눈에 띄고 싶지 않아서 굳이 멀리까지 갔을 것이다. 대개 목적이 없었는데 딱 한 번 유성우를 보려고 기다렸던 적이 있다. 그 외에는 그냥 차가운 콘크리트 바닥에 누워 별 하나 보이지 않는 하늘을 올려다보았다. 유성우가 내릴 거라던 날에도 구름이 많아 아무것도 보이지 않았다. 밤에 옥상에 올라오는 이들은 드물었다. 그러다 내가 밤마다 몰래 숨어드는 이 장소도 언젠가 사라지겠지, 생각했다. 가까이는 재개발이, 멀리는 천재지변이나 폭격이 있었다. 그래서 건물 자체가 사라져버리면 나는 지상에서 허공을 올려다보며 언젠가 저 위에 내가 있었지, 저 위에 누워서 한심하기 짝이 없는 공상에 빠져 있었지, 생각할 날이 올 것도 같았다.

하지만 그 장소가 사라진 건 망각 때문이었다. 대학에 들어가면서 나는 한동안 대전을 찾지 않았다. 그러다 어느 명절에 그 아파트 단지를 찾아갔는데, 밤마다 차가운 바닥에 누워 밤하늘을 바라보고 있던 건물이 몇 동이었는지 도통 기억나지 않았다. 꽤나 시간이 지났지만 네이버 지도를 확인해보니 아직 단지가 그대로 남아 있다. 그러나 그 장소는 내게 사라지고 없다. 개인적인 장소들은 날마다 생겨나지만, 동시에 날마다 사라진다.

레몽 크노의 『파리를 아십니까?』(*Connaissez-vous Paris?*)를 어느 서점에서 샀는지도 기억에 없다. 파리에서 산 것 같지는 않다. 나는 크노를 그의 작품보다는 울리포 회원이었다는 사실로 기억해왔는데, 당시 그의 다른 작품들보다는 질문과 답변으로 구성된 이 책이 한결 읽기 수월하리라는 생각을 했던 모양이다. 어쩌면 이 책을 안내서로 삼아 파리를 돌아다닐 수도 있겠다는 바람이 있었을 수도 있고. 그러나 서문을 건너뛰고 곧장 첫 장, 그러니까 17쪽부터 펼친 나는 당혹스러웠다. 책은 이렇게 시작한다.

질문들

그리고 456개의 질문이 이어진다.

1. 카미유 데물랭, 뤼실 데물랭, 당통, 라부아지에, 로베스피에르, 생쥐스트 등이 매장된 몽소 평원의 묘지는 어디 있었는가?
2. 페르라셰즈는 누구였는가?
3. 몽수리 공원의 관측소는 원래 무엇이었는가?*

내게는 다른 많은 사람들처럼 고향이 없다. 내 출생지는 서울이다. 그러나 다섯 번 넘어져 다섯 번 이마를 꿰매야 했던 때를 제외하고는 서울과 얽힌 어린 시절에 대한 기억이 거의 없다. 그리고 원주, 대전. 고등학교를 졸업할 때까지 살았던 대전은 늘 도망쳐야 하는 곳이었다. 그리고 서울. 서울에서는 2년마다 집을 옮겨 다녔다. 내가 살던 대학 앞은 변화무쌍했다. 번지는 그대로였으나 풍경이 바뀌었다. 서울살이가 화제로 떠오를 때마다 사람들은 늘 지긋지긋하다고 했다. 서울이라는 도시를 사랑하는 사람을 만난 적이 있었나, 많지 않았을 것이다. 자신이 살아가는 도시를 이토록 증오할 수 있는가, 내가 만난 많은 사람들은 그렇다고 대답했다. 이해할 수 있는 답변이었다.

그러므로 로슈귀드 후작(Le marquis de Rochegude)의 『파리의 모든 길을 구역별로 산책하다』(*Pro-*

---

* Raymond Queneau, *Connaissez-vous Paris?*, Galimard, 2011, p. 17.

menades dans toutes les rues de Paris par arrondissement)를 들고 파리 산책에 나선 크노의 마음이 궁금했다. 이 책은 1910년에 나왔고, 따라서 30여 년이 지나 크노가 파리를 탐색하던 시기에는 이미 많은 것들이 사라지거나 변화한 뒤였다. 크노는 샤를 보들레르의 「백조」에서 "옛 파리는 더는 존재하지 않는다 (도시의 형태가 이리도, 필멸자의 마음보다도 빠르게 변하다니!)"라는 구절을 인용하면서, "우리가 사랑했던 파리는 / 우리가 사랑하는 파리가 아니다"*라고 말한다. 그렇다면 "우리가 사랑하는 파리"는 어디에 있을까. 현재 살아가는 도시를 사랑하기란 어째서 이토록 불가능한가.

4. 생미셸 대로는 원래 어떤 이름으로 불렸는가?
5. 대혁명 시기로 거슬러 올라가는 탄환의 흔적을 볼 수 있는 파리의 건물은 어디인가?
6. 덩페르가(rue d'Enfer, 지옥 거리)가 덩페르로슈로(rue Denfert-Rochereau)로 변경된 것처럼, 시의회가 말장난 때문에 이름을 바꾸었던 거리들은 어디인가?*

크노는 스스로 파리를 잘 알고 있다고 여겼지만, 이

* 같은 책, p. 10.
* 같은 책, p. 17.

질문들을 작성하면서, 아무도 파리를 알지 못한다는 생각이 들었다고 말한다. 그의 『파리를 아십니까?』가 처음으로 출간된 1955년 이후 꼭 70년이 지났다. 그러므로 그 동안 많은 것들이 새로 생겨나는 대신, 바로 그 자리에서 많은 것들이 사라졌을 것이다. 70년은커녕 7년, 아니 7달, 아니 7일이면 미처 눈에 익지도 않은 간판이 사라지는 동네에서 오래 생활해온 나로서는 파리의 속도가 가끔 부럽기도 하다. 혹은 그렇지 않거나. 나는 한 번도 서울을 잘 안다고 생각한 적이 없다. 원주나 대전도 마찬가지다.

    아버지는 청년 시절에 내가 오래 거주했던 홍대 인근을 자주 지나다녔다고 했다. 주유소와 화방 하나를 제외하면 모두 논밭이었다고 했다. 그때는 구태여 질문으로 만들어 기억할 것이 없었고, 지금은 기억할 것이 너무 많아서 도리어 아무것도 기억하지 못하게 된 건 아닐까. 언젠가 지번 주소가 도로명 주소로 바뀌면서 나는 면이었던 공간을 선으로 인식해보려고 노력했지만 실패했다. 내가 기억하는 도로명은 수원에 있다는 가본 적도 없는 박지성로 정도가 전부다.

    나는 『파리를 아십니까?』를 안내서로 삼지 못했다. 모르는 이름들이 너무 많아서였다. 마치 외국어로 진행되는 「우리말 겨루기」 프로그램을 보는 기분이었다. 크노가 던지는 질문들 중 특별히 개인적 흥미를 불러일으

컸던 것도 없었다. 어쩌면 내가 파리에 살지 않아서였다. 이 책을 베껴 『서울을 아십니까?』를 써보고 싶기도 했다. 그러나 나는 서울을 잘 알지 못해서, "공민왕 사당과 가장 가까운 전철역은 어디인가?"라는 질문 하나를 겨우 생각해내고 그만두었다. 보리스 비앙과 산책에 나섰던 크노와는 달리 내게 적당한 동반자가 없었기에 더 하고 싶지 않았는지도 모른다. 아니다. 이는 구실에 불과하다. 크노는 "분명, 파리에 관한 질문들은 진부해서도 지나치게 특이해서도 안 되었다"고 말한다. 어쩌면 내가 지나치게 특이하기는커녕 지나치게 진부한 질문만 떠올려서였는지도 모른다. 이를테면 공민왕 사당에 관한 질문처럼.

  크노는 "오랫동안 나는 프랑스를 벗어나지 않았고, 후에, 나는 생각했다. 내가 오래⋯⋯ 아주 오래⋯⋯ 여행한 기분이 들다니 신기하다고. 나는 파리를 방문했(었)다"*고 말했다. 그렇다면 나는 지금 어디를 방문하고 있는 것일까, 어디를 여행하고 있는 것일까. 어디를 증오하고 있는 것일까, 어디를 사랑하고 있는 것일까. 누군가 『서울을 아십니까?』를 써주기를 기다리고 있다.

---

* 같은 책, p. 13.

일기 읽기

중학교 1학년을 마칠 때까지 일기장을 검사당해야 했다. 동갑내기 아이들은 일기장 검사를 폭력적으로 느끼거나 그저 힘들고 귀찮은 일이 하나 더 늘어 피곤하다는 반응을 보이거나 둘 중 하나였다. 혹은 둘 다이거나. 나는 이에 더해 일기 쓰기가 두려웠다. 일기장에 대체 뭘 써야 할지 알 수가 없었다. 날짜와 날씨를 적고 나면 막막했다. 있었던 일을 고스란히 쓸 수 없는 날들이 많았다. 결국 거짓말로 일관하는 일기를 적는 날이 많아졌다. 사실만 말하는 것으로 결과적으로는 거짓말을 하게 될 때가 있는데, 내게는 일기 쓰기가 그러했다. 아침에 미역국을 먹었다. 점심시간에 운동장에서 고무줄놀이를 했다. 집에 갈 때 개가 쫓아왔다. 처음 일기장을 검사받을 무렵(일곱 살? 여덟 살?) "나는"이라는 말로 문장을 시작하면 안 된다고 배웠다. 그런 말을 듣지 않았더라도 나는 나를 적지 않았을 것이다. 나는 나를 쓸 수 없었다. 그건 지나치게 외설적이었다. 그때 나는 외설적이라는 단어의 의미를 알지 못했지만 내가 나를 써서는 안 된다는 걸 어렴풋하게나마 알고 있었다. 내가 제출한 일기장은 단순한 사실들만 나열되어 있다는 평가가 붉은 글씨로 적혀 되돌아오고는 했다.

그리고 한참 시간이 지나 다시 일기를 쓰기 시작했다. 그걸 알고는 혹시 출판 가능성을 염두에 두고 있느냐 묻는 사람들이 있었다. 그럴 생각은 전혀 없었지만 돌이켜보니 내가 다른 사람들의 일기 읽기를 꽤 좋아한다는 걸 깨달았다. 한국 사람들은 대부분 어려서 『안네 프랑크의 일기』와 『난중일기』를 읽게 될 텐데, 나는 두 책에서 별다른 교훈은 얻지 못했지만 안네가 가깝게 지내던 남자아이(페터였나?)에 대해 품은 내밀한 생각을 엿보는 대목이 좋았고 전쟁이 일어나면 사람들의 목이 많이도 날아가는구나⋯⋯ 무섭다⋯⋯ 정도의 유치한 생각을 했던 것 같다. 아무튼, 내가 하고 싶은 말은 일기가 읽는 이들에게 의외로 친숙한 장르라는 것이다.

한국에는 작가가 일기를 출판하는 관행이 거의 없지만, 외국 작가들의 일기는 제법 찾아볼 수 있다. 언젠가 헌책방에서 벨기에 시인 폴 누제(Paul Nougé)의 『일기』(*Journal 1941-1950*)를 샀다. 처음에는 파본인 줄 알았다. 맨 앞장을 제외하고 페이지들의 윗면이 전부 붙어 있어서였다. 이것이 독서를 하는 동안 한 장씩 종이칼 따위로 윗면을 뜯어 읽은 자리를 표시할 수 있도록 하는 제본 방식이라는 건 나중에 알게 되었다. 이 책을 처음 소유했던 사람의 독서는 아마 첫 장에서 멈춘 것 같다.

1941년 6월 10일
며칠 전 가스통 바슐라르의 『로트레아몽』을 단숨에 읽었다. 이 책은 나를 무척 설레게 한다.

……

동적 상상력.
역동적 상상력.*

나는 폴 누제가 어떤 인물이었는지 전혀 몰랐다. 이 책이 일기가 아니라 시나 소설이었다면 사지 않았을 것이다. 내가 이 책을 산 건 순전히 제목이 "일기"여서였다. 구글에서 폴 누제를 검색하면 영문 위키피디아 페이지가 나온다. 1895년 출생, 1967년 사망. 벨기에의 초현실주의자. 벨기에의 앙드레 브르통으로 알려져 있음.

* Paul Nougé, *Journal 1941-1950*, Didier Devillez, 1995, pp. 11, 14.

이런저런 전기적 사실들이 이어지고 1941년에 관한 항목이 등장한다. 1941년, 그는 라울 위박 사진전을 위한 발문을 썼다. 전시는 이내 점령군에 의해 막을 내렸다. 1944년에는 폴 르샤랑테라는 필명으로 나치 협력자들에게 가혹한 비판을 받았던 르네 마그리트의 전시에 대한 서문을 썼다. 이 시기가 정확히 언제였는지는 알 수 없다.

1944년 6월 12일 월요일

1944년 6월 13일 화요일
……
(전쟁, 상륙작전, 폭탄, 기타 등등에 대한 공포. 그러나 '암흑은 그다지 검지 않다.')＊

폴 누제는 1967년 11월 6일 브뤼셀에서 사망했다고 한다. 그가 1950년에 무엇을 했는지에 대해서는 나와 있지 않다. 그의 『일기』 마지막 페이지는 간명한 날짜들과 간명한 문장들로 이루어져 있다.

1949년 10월 3일 월요일

＊　같은 책, p. 129.

1949년 10월 7일 금요일
(침묵을 듣는다는 건 진짜다. 경이롭게도.)

1949년 11월 15일 화요일
(앙드레 지드가 라디오에서: "실물이나 경치를 있는 그대로 그려야 한다.")

......

1950년 6월 1일 목요일

1950년 6월 19일 월요일

(다섯 번째이자 마지막 노트의 끝)*

다섯 번째이자 마지막 노트의 끝. 그리고 그의 일기는 이어지지 않는다. 날짜만 있고 내용은 기록되지 않은 날들이 너무나 많다. 나는 그가 남겨둔 공백들을 바라보며 그의 모습을 상상한다. 그는 누구였을까. 그의 일기는 어떤 계기에 의해 출판되었을까. 그의 책, 그러니까 일기

* 같은 책, pp. 146, 147.

장의 표지에는 한 남자의 사진이 실려 있다. 공교롭게도 체스판으로 얼굴을 가린 남자의 사진이다.*

* 이 글은 10여 년 전 어느 대학 저널에 실렸다. 옛 원고를 고치면서 책장을 뒤졌더니 레몽 크노와 장 르네 위그낭의 일기가 있다. 둘 다 사두기만 하고 안 읽은 것이 분명하다……. 특히 위그낭은 어떤 작가인지 전혀 모른다……. 이외에 생각나는 일기는 『어느 작가의 일기』라는 제목으로 편역된 버지니아 울프의 작품이 있다. 한때 이 책을 아껴가며 읽었는데 세월의 어느 틈으로 빠져버린 것인지 지금은 보이지 않는다.

외출할 때

고교 시절에는 책가방에 엄지손가락 하나 크기의 초소형 라디오 하나, 워크맨 하나, 사복 한 벌이 늘 들어 있었다. 교과서는 모두 학교에 두고 다녔다. 1, 2학년 때는 여기에 소설책 한두 권이 추가되었다. 단출한 짐이었다. 한겨울에도 외투나 점퍼 없이 교복 재킷만 입고도 감기 한 번 안 걸렸을 정도로 체력도 괜찮았다. 온갖 구실을 대 야자를 빼고 담장 하나만 넘으면 되었던 이웃 대학교 캠퍼스로 가서 화장실에 숨어들어 옷을 갈아입고 학생회관 식당에서 1500원짜리 돈가스를 사 먹거나, 도서관에 가거나, 영화를 보러 갔다. 참 건전한 학창 시절이었다……. 그렇게 담을 넘으며 고등학교 2학년을 마칠 때까지 대전에서 개봉하는 영화는 모조리 보았다. 언젠가 모아둔 극장표를 세어보니 200여 장에 육박했다. 지금은 사라져서 목록을 작성할 수는 없지만 「개미」와 「시계

태엽 오렌지」, 「춘광사설」과 「증오」를 봤던 기억은 분명하다. 대전역 근처 건물 2층에 있던 크지 않은 시네마테크에서 귀한 영화를 많이 상영했다. 「매트릭스」도 「처녀들의 저녁 식사」도 그 시기에 보았다. 매표소에 항상 나이를 세 살 정도 높여 말했다. 상대방이 믿었는지 안 믿었는지는 모르겠다. 어쨌거나 한 번도 발권에 실패하지 않았다. 교복 차림으로 갔던 영화관도 있다. 고속버스 터미널 근처 극장이었는데, 거기서 「아라비아의 로렌스」를 보았다. 영화가 끝나고 퇴장하려다 복도에 서서 엔딩 크레딧을 한참 보고 있는데 극장장으로 짐작되는 노인이 마치 영화 속 대사처럼 "자네, 영화를 좋아하나?" 하더니 "오리지널 포스터일세"라며 둘둘 말린 포스터를 건네주었던 것이 지금도 선명하게 기억난다. 그때 내가 활짝, 그러나 어색하게 웃었던 것도. 이사가 여러 번 거듭되는 동안 포스터는 사라졌다. 극장도 아마 사라졌을 것이다.

  외출할 때 지니고 다니는 책에 대한 얘기를 하려다 또 주객이 전도되어 영화 본 얘기만 잔뜩 했다. 나는 학원에 다니지 않았고 동아리 활동도 하지 않았으며 사교적인 성격도 아니어서 주로 영화관으로 외출했다. 영화가 시작되기를 기다리며 읽던 책들이 있었다. 가끔 스마트폰이 나오기 전에 청소년기를 보낼 수 있었던 것이 내게는 참 다행이었다고 생각할 때가 있는데, 내가 지금의

10대라면 영화관에서 책을 읽고 있을 것 같지는 않아서다. 책은 책일 뿐, 스마트폰보다 절대적 우위에 있다고 생각하지는 않지만, 스마트폰이 손에 쥐어져 있다면 종이책을 펼칠 확률이 훨씬 줄어들 것이고 경험의 다양성 측면에서 이는 손실이 분명하니까. 그때 전상국의 『아베의 가족』이나 무라카미 류의 『한없이 투명에 가까운 블루』를 읽었던 것 같다. 오정희의 『새』도. 최진실이 주연을 맡은 「홀리데이 인 서울」을 이즈음 보았는데, 배우가 에스컬레이터를 타고 올라가는 뒷모습과 그의 뒷짐 진 손에 들려 있던 『한없이 투명에 가까운 블루』가 눈에 들어왔다. 최진실이 분한 '호텔 전화 교환수'(이 영화에선 인물들에게 이름을 붙여주지 않았다)는 이 책을 어떻게 읽었을지 궁금했다.

학교에 가기 싫은 날엔 근처 종합병원에 갔다. 교복 차림으로 어슬렁거려도 아무도 신경 쓰지 않는 거의 유일한 장소였다. 그 무렵 읽은 어느 소설(아마 신경숙의 소설이었던 것 같은데 정확하지 않다)에 병원 휴게실에 놓인 의자들 뒤 벽에 주목하는 대목이 있었다. 온통 흰 벽에서 유독 거뭇거뭇한 부분들이 있는데 결코 편하지 않은 병원 의자에 풀썩 쓰러지다시피 몸을 내맡기며 기대어 앉는 보호자들의 뒤통수가 하도 많이 닿아 그렇다는 얘기였다. 정말 그런가, 생각하며 나는 벽에 붙은 의자들과 그 주변을 유심히 관찰했다. 지어진 지 얼마 되지 않은 병원이라 그랬는지 눈에 띄는 거무스름한 부분은 없었다. 분주한 간호사들이나 지친 보호자들이 나의 존재를 인식하기 전에 이 병동 저 병동을 눈치껏 오갔다. 로비에 놓인 혈압계를 써보기도 했다. 한 번은 40/60이라는 수치가 나왔는데 아무래도 기계 고장이었을 것이다. 그러다 긴 벤치에 누워 라디오를 들으며 가방 속 책을 꺼내 읽고는 했다. 아무 채널이나 내키는 대로 듣던 라디오에서 가끔 타인의 삶을 엿볼 수 있었다. 슬프거나 재미있거나 심상하거나. 소설 속 인물들은 대개 불행했고 병원에 있는 사람들도 대개 그런 것처럼 보였다. 눈앞의 허구와 현실을 바라보며 가끔 나 자신의 미래를 예측해보려고 했다. 그중 맞은 것도, 틀린 것도 있다. 대부분의 예언들이 그렇듯. 맞거나 틀리거나.

  그리고 성년이 되어서는 어떤 책들을 가지고 다녔지? 늘 뭐든 들고 다녔다. 대학 시절에는 원대로 책을 실컷 읽었다. 고트홀트 레싱의 『현자 나탄』 생각이 난다. 읽고 에세이를 써 제출해야 해서 열심히 읽었고 후에 괴테의 『젊은 베르테르의 슬픔』에서 실연 후 상심에 빠진 청년 베르테르의 책상 위에 이 책이 놓여 있는 장면에 눈길이 갔다. 주로 이런 책들을 들고 다녔을 것이다. 베르톨트 브레히트나 게오르크 뷔히너의 희곡들, 토마스 만이나 프란츠 카프카의 소설들. 김연경 소설집 『고양이의, 고양이에 의한, 고양이를 위한 소설』을 읽다가 미하일 레르몬토프라는 러시아 시인을 알게 되어 이 책에 실린 단편 제목의 일부이기도 한 「우리는 헤어졌지만 너의 초상은」을 인터넷에서 찾아 출력해서 한동안 지니고 다니기도 했다. 근사하고 슬픈 시였다. 지금 글을 쓰다가 발견한 사실 하나. 10대 때보다 20대 때의 기억이 더 희미하다. 외출할 일이 많아져 너무 많은 책을 들고 다녔기 때문일까. 독일어니 프랑스어니 하는 외국어를 배우면서는 해당 언어로 출판된 얇고 작고 가벼운 문고본들을 어차피 밖에서 사전 없이 읽지도 않을/못할 거면서 아마도 멋부림용으로 한 권 정도 늘 가지고 다녔던 것 같다.

지금도 책을 늘 가지고 다니는 편이다. (30대 얘기를 건너뛰었는데 그때나 지금이나 생활 방식 면에서는 별로 달라진 게 없어서다. 체력은 크게 달라졌지만······) 최근에 소지한 책들은 이 원고를 쓰기 위한 책들이 주다. 보통 배낭을 메고 다녀서 크기나 무게에 별다른 제약을 받지 않아 두세 권 넣어 다닐 때도 있다. 극장에 잘 가지 않게 되어 요새는 주로 전철에서 책을 읽는다. 며칠 전에는 한 번 읽었던 책인 『그때 이미 여우는 사냥꾼이었다』를 다시 읽었다. 목적지에 너무 빨리 도착하는 바람에 일부만 읽었지만. 예전에는 가방이나 겉옷 주머니에 책이 없으면 불안했는데, 이제는 괜찮다. 몇 해 전 전자책 플랫폼에서 저작권이 만료된 펭귄클래식 100권을 하나로 묶어 염가에 판매한 적이 있었다. 나는 그것을 샀고,

뭔가 읽고 싶지만 종이 책이 없을 때 그중 하나를 골라 읽는다. 대부분 예전에 읽은 작품들이지만 다시 읽는 재미가 크다. 프로스페르 메리메의 『카르멘』이나 쥘 베른의 『80일간의 세계 일주』를 그렇게 다시 읽을 수 있었다. 그리고 아직 읽지 않은, 언제든 가지고 다닐 수 있는 책 50여 권이 남아 있다.

    (원래는 여기까지만 쓰려고 했다. 그런데 오늘 오랜만에 혼자 식당에서 점심을 먹다가 다른 전자책 플랫폼에 사둔 책(들)이 떠올랐다. 주명철의 프랑스 혁명사 시리즈였다. 총 열 권짜리 전집에서 먼저 두 권을 구입했고 일관성을 위해 혼자 밖에서 식사할 때마다 조금씩 읽곤 했다. 최근에 혼자 밖에서 밥 먹을 일이 별로 없어 잊고 있었다. 이제 첫 번째 권 『대서사의 서막: 혁명은 이렇게 시작되었다』의 삼분지일 정도를 지났는데, 일주일에 한두 번 30분 정도씩 읽다 보면 언제쯤 마지막 권에 도달하게 될까? 조바심이 나기도 하지만 천천히 오랫동안 읽을 수 있는 책이 있다는 건 기쁨이다.)

관습에서 벗어나기

소설 쓰기 수업에서 자주 듣는 말 중에는 이런 유형이 있다. "처음에 화자를 남성으로 생각하고 읽었어요." "화자의 연인이 여성인 줄 알았어요." 주로 인물의 성별과 관련된 얘기들이다. 작가가 여성이고 초점화자가 일인칭으로 서술되는 경우, 나를 포함해 많은 참여자들이 일인칭 화자를 여성으로 생각하고 읽기 시작하는 경향이 있다. 그 반대도 마찬가지고. 그러다 어느 시점에서 인물의 성별이 밝혀지면 우리는 저마다, 그러나 같은 말을 내뱉는다. "아, 또 관습적으로 읽었구나."

주어를 빼고도 문장 구성이 가능한 한국어의 특성에 더해 어쩌면 일종의 소설적 효과를 발생시키려고 인물의 성별을 뒤늦게 밝히는 경우가 많다. "그"나 "그녀"의 사용법도 저마다 다르다. (오래전 누군가가 "그녀" 대신 "그미"를 써야 한다는 얘기를 들려준 적이 있다. 처음 듣는 단어여서 검색해봤더니 "주로 소설에서 그녀를 멋스럽게 이르는 말"이었다. 유의어 항목에는 "궐녀"도 있었다. "말하는 이와 듣는 이가 아닌 여자를 이르는 삼인칭 대명사"라고 적혀 있었다. 역시 생소한 단어였다. 나는 농담처럼 "그자"를 본격적으로 써보자고 할 때가 있다. 실행에 옮긴 적은 없지만.) 사정이 이러하니, 몇 페이지에 걸쳐 "그"로 모호하게 서술되던 인물이 확실하게 모습을 드러낼 때, 독자들이 그때까지의 독서 경험을 즐겁게 수정하는 경우들이 왕왕 발생한다.

 10여 년 전에 출간한 『불가능한 동화』가 영어로 번역되는 과정에서도 비슷한 일이 있었다. 번역가*는 내게 메일을 보내 삼인칭으로 등장하는 "아이"의 성별이 빠르게 특정될 필요가 있다고 했다. 그렇지 않으면 지시대명사를 아예 쓸 수가 없다고 했다. 부러 혼선을 주기 위해 성별을 숨긴 것이 아니었던 나는 여자아이라고 답신을 보냈다.

 아마도 일부러 독자들이 이와 유사한 경험을 하도록 쓰인 소설 하나가 있다. 필립 로스의 『휴먼 스테인』이다. 텍스트로 상상된 경험을 일거에 부수는 소설이랄

---

* 마침 작가이자 번역가인 자넷 홍(Janet Hong)이 자신의 지난 작업들에 대한 소회를 밝힌 에세이 「집으로 돌아가는 길」이 계간 『자음과 모음』 통권 64호(2025)에 수록되었다. 반가운 마음으로 일독을 권한다.

까. 물론 이게 전부인 소설은 당연히 아니다. 하지만 내가 책을 읽으며 구축해온 이미지들이 너무나 관습적인 독서에 의한 것이었다는 깨달음은 내게 꽤나 충격을 주었다. 아직 이 작품을 읽지 않은 사람이라면 읽고 자신만의 경험을 내게도 들려주면 좋겠다.

    소위 관습적인 독서에서 완전히 벗어나기란 힘들다는 걸 깨달은 뒤로 나는 오히려 이를 즐기게 되었다. 오독과 오해의 경험들로 인해 우리를 알게 모르게 속박하는 틀을 계속해서 경계하는 계기가 되기도 하고, 내가 또 수동적으로 읽기만 하고 있었다는 걸 자각할 때마다 그때까지의 읽기가 새로 고침되는 순간이 즐겁기도 해서다. 창작하는 사람이라면 관습의 틀을 외려 소설적 장치로 활용하려고 시도해볼 수도 있겠다. 이런 방식이라면 미지의 독자를 반드시 상정하고 써야 할 것이고, 상대방에게 어떤 수수께끼를 던져줄까 골몰하다 보면 뭔가 새로운 길에 접어들 수도 있겠다. 이 과정이 제대로 작동한다면 작가에게나 독자에게나 반전과 해방, 전복의 가능성이 열릴지도 모른다.

흉내

어릴 적 주고받은 쪽지나 편지, 엽서 따위를 아무렇게나 모아둔 구두 상자를 최근에 정리했다. 20여 년이란 시간이 흐르며 상자가 제법 낡아 더 두껍고 튼튼한 종이 상자로 내용물들을 옮기면서 자연히 하나씩 확인해보게 되었다. 과연 쓸모없지만 기억과 관련된 잡동사니들이 잔뜩 있었다. 그중에 The Smiths라고 인쇄된 메모지가 있었다. 스무 살에 아르바이트했던 술집이었는데, 주인이 (정확히 말하자면 주인의 아들이) 영국 밴드 스미스를 좋아해서 이름을 따왔다고 들었다. 메모지에는 당시 들었던 노래의 제목들이 적혀 있었다. 홍익대학교 정문에서 산울림소극장 가는 길 미술학원 지하에 있던 이 맥줏집의 여벌 열쇠를 가지고 있었던 나는 공강 시간에 여기서 몰래 책을 읽거나 낮잠을 청하고는 했다.

평일에는 보통 손님이 없다시피 했고, 주로 친구들

이 찾아왔다. 가끔 맥주를 한잔하러 오던 한 친구는 PC 통신에서 처음 알게 되었는데 우연히 같은 대학(친구는 심지어 독문학과의 이웃인 불문학과에 진학했다)에 다니게 되어 자주 어울리는 이였다. 우리는 책이나 영화 이야기를 많이도 했다. 그러다 한 번은 친구가 얼음을 가득 채운 잔에 콜라를 잔뜩 따라달라고 주문했다. 평소와 달리 왜 맥주가 아니냐고 묻자, 장정일의 신작인 『바나나 보트』를 읽었는데 등장인물이 꼭 그렇게 콜라를 마시는 걸 보고 따라 하는 중이라는 대답이 돌아왔다. 그리고 우리는 웃으면서 읽고 나면 어느 인물의 행동이나 말투를 흉내 내게 되는 소설들에 대해 이야기했을 것이다. (친구는 후에 프랑스에서 불문학 박사 학위를 받았다. 나는 이 친구로 인해 소설가가 되었다. 그와 역시 불문학자인 그의 아내는 『잃어버린 시간을 찾아서』를 완독한 내가 아는 세 사람 중 둘이다.)

드문 경험이 되긴 했지만, 어떤 소설에 패나 몰입해 단숨에 읽고 나면 나는 요새도 인물들의 말투나 행동을 부지불식간에 따라 하고는 한다. 이내 모방하고 있다는 걸 깨달으면 옛날처럼 웃음이 난다. 이 책에 등장하는 많은 작품이 그러하듯, 제목이 기억나지 않는 또 하나의 소설에서 에리히 마리아 레마르크의 『개선문』을 말하며 주인공이 칼바도스를 주문하는 장면이 언급되는데, 나도 그 장면을 흉내 내고 싶을까 봐 아직 원작을 읽지 않았다(?)면 농담이고, 이제 이 책에 대한 모호한 기억이 되살아났으니 다시 망각 속으로 후퇴하기 전에 『개선문』을 읽어야 할 때가 된 것 같다.

이 책 저 책

오늘도 내 책상에는 책이 열 권쯤 쌓여 있다. 이 책을 쓰고 있기 때문이기도 하지만("그 구절이 몇 페이지에 있더라?", "끝까지 읽은 게 맞나?"), 꼭 글쓰기와 직접적인 관련이 없더라도 되도록 빠른 시일 내에, 가능하다면 이번 주 안으로, 더 가능하다면 오늘 마저 읽고 싶은 책들이 주로 자리를 지킨다. 요새는 장 폴 사르트르의 『문학이란 무엇인가』와 이창동의 『녹천에는 똥이 많다』, 벨랴코프 일리야의 『러시아의 문장들』이 한데 놓여 있다. 첫 번째 책: 소설 수업에서 한 학생이 최근 치른 중간고사 문제가 "문학이란 무엇인가"에 답하는 것이었다고 말했고, 나라면 당최 어떻게 답했을지 모르겠다는 생각이 일순 들어 예전에 읽었던 느낌만 있는 이 책을 다시 집어 들었다. 두 번째 책: 역시 소설 수업에서 한 학생이 이 작품을 읽자고 했고, 청소년기에 서점을 들락거리면서 책을 고를 때 늘 눈길이 갔지만 정작 읽지는 못했던 걸 이제야 읽게 되었다. 이 소설집에는 표제작 말고 다른 작품들도 실려 있는데 빠듯한 일정에 모두 소화하지는 못해서 한가한 주말에 마저 읽으려고 꺼내두었다. 세 번째 책: 얼마 전 도서관에 갔다가 신착도서 서가에 꽂힌 걸 보고 충동적으로 빌려왔다. 반납 기한 내에 다 읽어야 할 텐데…… 세 권을 언급했지만 당연하게도 더 많은 책들이 있다. 그것도 읽어야 하는. 문학이란 무엇인가 생각하다가 덮어두고 유튜브를 좀 보다가 다시 책상으로 돌아오면 다른 책에 먼저 손이 간다. 『러시아의 문장들』은 사뭇 다른 문제를 야기한다. 저자는 서문에서 "여러분도 잘 아는 작가의 작품도 있지만 처음 들어보는 작가도 많을 것이다"*라고 썼다. 목차를 살펴보니 과연 그렇다. 내가 러시아 문학에 과문해서겠지만 안드레이 네크라소프나 세르게이 도블라토프 같은 이름은 처음 접했다. 그러면 검색이 시작된다. 특히 후자의 경우, 이미 국내에 출간된 번역서가 세 종인 걸 보니 나만 생소한 작가였나 보다. 일단 장바구니에 좀 넣고…… 페이지 하단에 관련 도서들이 나와 있다. 도스토옙스키나 체홉, 톨스토이처럼 낯익은 이름들에 안도하다가 이내 『이반 일리치의 죽음』을 읽어본 적 없다는 데 생각이 미친다. 그러면 이 책

    * 벨랴코프 일리야, 『러시아의 문장들』, 틈새책방, 2025, 12쪽.

도 장바구니에…… 그러다 불현듯 읽던 책으로 돌아가라는 일종의 경고등이 켜진다. 내가 조금 전까지 읽고 있던 (러시아의) 문장들은 안내하며 나를 기다리고 있다.

이렇게 갈지자로 책(들)을 읽게 된 것이 언제부터였는지 모르겠다. 확실히 청소년기까지는 읽던 책을 끝까지 활자 하나 하나를 집어삼키듯 읽지 않고 다른 책을 펼치는 것이 조금쯤 죄악이라고 여겼던 것 같다. 상대적으로 지금보다는 책이 귀했기도 하다. 도서관에 갈 수야 있었지만 읽고 싶은 책들을 원하는 대로 구할 수는 없어서 남은 페이지들이 한 장씩 사라져버리는 것이 안타까운 와중에 "저자와의 협의하에 인지 생략"이라는 최종 문구에 도달할 때까지 최대한 아껴서 읽고는 했다. (후에 이와 비슷한 경험을 냅스터라는 프로그램을 처음 접하면서 절절히 하게 된다. CD나 테이프 하나를 사면 닳아 없어질 때까지 첫 곡부터 마지막 곡까지 듣고 또 듣기를 되풀이하던 일이 어쩔 수 없이 줄어든 것이다. 음원 파일들을 다운로드하는 행위가 불법이라는 인식이 퍼지면서 딱히 도덕적인 이유에서보다는 꺼림칙함에 냅스터니 소리바다니 하는 프로그램을 사용하지 않게 되었지만, 이 곡 저 곡을 아무렇게나 듣는 이미 고착된 습관은 고쳐지지 않았다.) 그러다 어느 순간부터 마구잡이 독서가 시작되었다. 처음에는 예의 죄의식을 느끼기도 했다. 시간이 흘렀다. 요약하자면 지금은 그렇게라도 읽는 게 어디냐…… 라고 생각하는 편이다. 읽기에 한해서는 이 행위와 죄책감을 분리할 수 있게 된 셈이다. 그러다 한 권의 책을 앉은 자리에서 완독할 때의 쾌감을 가끔, 아주 드물게, 그러나 여전히 느끼기도 한다.

그리고 당연하게도 마구잡이 독서에도 쾌감을 느낄 때가 있다. 아니 에르노의 『세월』을 읽다 덮어두고 어쩌다 읽기 시작한 디디에 에리봉의 『랭스로 되돌아가다』에서 에르노를 언급할 때처럼 우연이 작동하는 순간처럼. 그러나 내가 더 재미있다고 생각하는 건, 아무런 관계가 없어 보이는 책들도 같이 읽으면 언제나 비교해서 생각에 잠기게 하는 지점들이 발생한다는 사실(!)이다. 최근에는 오가와 요코의 『약지의 표본』과 계간 『문학동네』 121호(2024 겨울)에 수록된 편혜영의 「아파트먼트」를 동시에 읽었는데 두 작품은 일단 도회지라는 키워드를 공유한다. 중요도와 용처는 물론 다르다. 서로 전혀 다른 작품들이지만 어쩔 수 없이 먼저 읽다가 이에 다른 책이 더해지는 경험 자체로 작품을 바라보는 지극히 개인적인 층위가 하나 혹은 그 이상 더 생긴다고 하면 설명이 될까.

이 같은 병렬 독서라기보다는 누적 독서에 대한 언급에 가깝지만, 알베르토 망구엘은 『독서의 역사』에서 보르헤스에게 책을 읽어주던 경험을 결부시켜 이렇게 말하기도 한다. "독서는 누적적이어서 등비 급수적으로 진행된다는 사실을 나는 재빨리 깨달았다. 독서를 할 때마다 읽은 내용은 그전까지 읽은 내용 위에 덧쌓인다는 말이다. …… 내 독서의 진전은 결코 판에 박힌 시간의 순서를 따르지 않았다. 예컨대 과거에 나 혼자서 읽었던 텍스트를 그에게[보르헤스에게] 큰 소리로 읽어주는 것은 초기의 나 혼자만의 독서를 수정하고, 그 당시의 독서에 관한 기억을 더욱 확대하고 충만시켜주었다."*

다른 방식으로 마구잡이 독서 대상인 책이 있다. 이어령 편저 『세계문장대백과사전』이다. 총 다섯 권인 이 책을 언젠가 헌책방에서 사서 가끔 아무 페이지나 펼쳐 읽고는 한다. 앞서 말한 『고문진보』처럼 오늘의 운세 보기에 활용하는 측면이 강한 읽기다. 그중 4권을 지금 펼쳐보니 "파리(Paris)"라는 항목이 보인다. 파리가 등장하는 문장들이 잔뜩 수록되어 있다. 그중 하나: "파리의 정다움과 감동, 고양이들, 어린아이들, 시민들의 거리낌 없는 태도, 잿빛과 하늘, 돌과 물의 성대한 퍼레이드."* 알베르 카뮈가 쓴 문장이라고 한다. 내가 읽었던 것일까? 모리악이나 보들레르(보오들레에르) 등도 보인다. 하나 더 볼까? "호랑이(虎)" 항목 중: "범 잡아먹는 담비가 있다. (범 같은 맹수를 잡아먹는 담비가 가끔 있다는 말로

* 알베르토 망구엘, 『독서의 역사』, 정명진 옮김, 세종서적, 2014, 36, 37쪽.
* 李御寧 編著, 『世界文章大百科事典4』, 三中堂, 1971, 210쪽.

곧 위에는 위가 있다는 뜻이니 혼자 잘난 체하지 말라는 뜻.)"* 모든 페이지마다 내가 읽지 않은 책들이 잔뜩 인용되어 있다. (편저자는 이 책들을 전부 읽었을까?) 그중 하나가 다음에 읽을 책이라면 좋겠다. 내일의 운세다.

* 같은 책, 305쪽.

인터뷰

주말, 10여 년 이상 여러 친구들과 공동으로 사용해온 작업실에 있다. 한쪽에서는 포장 작업이, 다른 쪽에서는 마작이, 또 한구석에서는 책 편집이 진행되고 있다. 나는 이들의 모습을 하나씩 관찰하다 포장 작업대 쪽으로 의자를 옮긴다. 영화인들이 아르바이트 삼아 굿즈를 포장하고 있다. 나는 인터뷰를 요청하고 이들은 받아들인다. 뭘 어떻게 읽고 있느냐는 추상적인 질문에 한 친구가 답한다. 주로 이북을 읽는데 1.2배속 모드로 책을 듣는다고 한다. 오디오북을 몇 번 시도했지만 중간에 자꾸 딴생각으로 빠지는 바람에 결국 포기한(오디오북은 기다려주지 않는다) 나는 그 경험이 어떤지 구체적으로 알고 싶다. 한겨울에 아주 단 간식을 먹으며 스릴러물을 읽어보라는, 그러니까 들어보라는 답이 돌아온다. 대화를 듣고 있던 다른 친구는 가장 외로울 때 책에서 많은 위로를 받는다고 말한다. 예컨대 실연당했을 때 『젊은 베르테르의 슬픔』을 읽는다는 것이다. 내가 그러면 더 슬프고 힘들지 않느냐고 하자, 자신이 가진 이 감정을 세상 사람들이 이해하지 못할 때도 자신과 같은 사람이 언젠가, 어디에선가 살았다는, 같은 감정을 지닌 사람들이 있었다는 것만으로도 위로받는 느낌이라고 대답한다. 그리고 문장의 아름다움을 느끼고 싶을 때도 책을 찾는다고. "절묘하게 배합된 여러 감각들이 문장으로 표현된 걸 읽을 때 좋고, 내가 혼자서는 느낄 수 없는 것들을 일깨워주는 문장들도 좋아." "네 책꽂이에 올가 토카르추크의 『방랑자들』이 있던데 예컨대 그런 책도 포함될까?" "응. 그리고 지금 생각나는 작가는 파트릭 모디아노가 있어." 뒤에 "최근에는 크리스티앙 보뱅을 읽고 문장의 아름다움을 느꼈어." 나는 이들과 이야기를 주고받으며 포장 작업에 동참한다. 영화 「파과」의 굿즈다. "구병모 작가 작품 아니야? 이게 영화화됐어?" "응." "나 이 작가 좋아하는데." "나도." "책이 영화화된다니 좋은 일이다." "그치." 영화인인 이들은 영화 작업 때문에라도 열독하는 편이라고 한다. 한 친구는 최근에 조르주 페렉의 『사물들』을 읽으며 오로지 가정법으로만 쓰인 첫 장을 영상화할 가능성에 대해 고심했다고 말한다. 어떤 소망들은 결국 가정법으로만 적힐 수밖에 없는 것일까 생각했던 나는 이 이야기가 반갑고, 친구가 꼭 이 시제를 영상의 문법으로 풀어내기를 바란다. 그러면서 며칠 전 다시 읽은 헤르타 뮐러의 『그때 이미 여우는 사냥꾼이었다』가 원래는 영화 밑바탕으로 쓰인 작품이라는 얘기를 한다. 시네필 세대였던 사람들이 영화적 기법을 문학에서 많이 사용하는 것 같다는 이야기가 나온다. 그러다 한동안 어려서 본 영화들 이야기가 이어진다. 그 경험의 소중함에 대해. "그런데 나는 듣고 싶은 책이 오디오북으로 없어서 쑥스럽지만 직접 녹음해서 핸드폰에 넣고 다닌 적이 있어." "오, 그게 뭐였어?" "오정희." "뭔가 근사하다." "또 시집들은 오디오북이 없더라. 그래서 시집도 직접 녹음한 게 몇 개 있어." 나는 시집 오디오북이 없다는 걸 처음 알게 된다. 포장재 상자 하나가 비고 새 상자가 온다. "몇 개 해야 돼?" "5000개." "오늘 다?" "내일까지."

잠시 대화가 소강상태에 이른다. 나는 마작에 열중하는 친구들에게로 고개를 돌린다. 짐짓 정중한 어투로 "좀 여쭙겠습니다"고 하자 "ㅇㅇ"에 가까운 표정이 돌아온다. "독서 모임 하고 계시잖아요, 어떤 마음으로 참여하고 계세요?" "아, 저는 그만하고 싶습니다." "왜죠?" "너무 채근당하는 것 같아요. 안 읽고 싶은 책은 안 읽고 싶어요." 다른 참여자가 끼어든다. "야, 나는 이해가 안 돼도 다 읽고 가긴 해." "나는 읽고 싶을 때만 읽고 싶어." "너 철학과 나왔잖아." "그게 무슨 맥락이야." "너 진짜 대학은 어떻게 졸업했냐." "신기하지?" "잠깐만, 마작에 집중이 안 돼." "론! 리치, 핑후, 탕야오, 도라, 도라, 팔천!"
　나는 듀얼 모니터를 펼쳐놓고 일에 매진하고 있는 편집자 친구에게로 슬쩍 다가간다. "잠깐 얘기 좀?" "ㅇㅇ" "최근에 재미있게 읽은 책이 있나요?" "하, 나는 책 싫어! 다 재미없어!" 그러자 다들 웃음을 터뜨린다. 우리는 이 친구의 속내를 조금 안다. 책이 아니라 일이 싫다는 의미일 거다. 일하는 사람을 더 붙들고 있기가 어려워 나는 그 옆에서 포장 작업을 돕고 있는 다른 친구에게로 다가간다. 판화가로 일본인이다. "좋아하는 작가 있어?" "음, 잠깐만…… 생각 좀 해볼게. 아, 생각났다. 김시종!" 나로서는 생소한 이름이다. 일본인에게서 한국 작가 이름이 나온다는 것도 (선입관이지만) 의외다. 제주 4·3 사건을 피해 일본에 정착했다 2003년 대한민국 국적을 회복했다는 설명이 이어진다. "그 작가가 왜 좋죠?" "아, 잠깐만, 잠깐만. 생각 좀 해보고." 친구가 생각을 정리하기 전에 영화인1이 돌아보니 『영화 도둑 일기』를 재미있게 읽었다고 말한다. "근데 벌써 작년에 읽은 책이네." "시간이 순삭됐어." 영화인2가 말한다. 그사이 생각을 정리한 일본인이 대화에 끼어든다. "일본에 있을 때는 책을 많이 읽었는데 지금은 뭔가 고급 오락같이 됐어. 읽기는 있지만 책이 가까이 없는 느낌." "왜요?" "한국어 힘들어." "그러면 좋아하는 일본 작가는 누구야?" "무라타 사야카? 콘비니 닝겐 쓴 사람." "콘비니? 아, 『편의점 인간』?" "응, 그거."

종이 굿즈가 봉투에 담기는 일이 계속된다. 손거스러미가 일어난다. "골무 줄까?" "괜찮아." "어릴 때는 책 읽는 게 유일한 엔터테인먼트였던 것 같아. 스마트폰 없이 어린 시절을 보내서 다행이라는 생각이 가끔 들어." "청소년기에 무리에 잘 어울리지 못해서 책 읽기를 내 정체성으로 생각했던 것 같기도 해." "그런데 어릴 적에 학습 만화도 되게 많이 읽지 않았냐?" 이 말에 마작 하는 친구들까지 포함해 다들 고개를 끄덕인다. 『따개비 한문숙어』를 입에 올리는 이도 있다. 『수학 귀신』도. 귀신이라는 단어 때문인지 어릴 적 읽었던 무서운 책들에 대한 이야기가 불쑥 이어진다. 한 친구는 초등학생일 때 에드거 앨런 포의 『검은 고양이』를 읽었는데 너무 무섭고 오싹해서 한동안 잠을 못 잤다고 한다. 그래서 (지금은 아니지만) 고양이도 한동안 무서워했단다. 그러자 누군가가 동물 이야기를 잔뜩 읽게 될 것 같아 골랐던 조지 오웰의 『동물농장』도 어려서 읽기에는 끔찍한 소설이었다고 말한다. 우리는 웃으면서 고개를 끄덕이고, 그러면서 어려서 읽었던 끔찍한 책들을 저마다 한두 권씩 떠올린다. 갑자기 판화가 친구가 고개를 번쩍 들고 말한다. "아까 너무 멋있어 보이려고 한 것 같아. 실은 데즈카 오사무를 제일 많이 읽었어!" 그러자 또 다른 편집자 친구가 말한다. "데즈카 오사무는 만화의 신이잖아!" 나도 그의 작품을 읽은 적이 있다. 공부를 핑계로 한밭도서관에 갔다가 우연히 『붓다』를 발견해 앉은 자리에서 다섯 권을 모조리 읽어내렸던 기억이 지금도 생생하다. 어떤 페이지의 그림은 따라 그릴 수 있을 만큼(아니지만) 정확하게 기억하고 있다고 착각할 정도다. 한동안 저마다 자신이 가장 좋아하는 데즈카 오사무 작품들에 대해 말한다. 읽은 것도, 안 읽은 것도 있다. 어느 쪽이건 미래의 책이다.

그러다 시 쓰는 친구가 나타난다. 졸음이 가시지 않은 얼굴이라 자다 깼느냐고 물어보니 한숨도 안 잤다고 대답한다. 피곤해 보여 미안한 마음이 들었지만 이왕 시작한 거 이 친구에게도 묻기로 한다. "시집 읽을 때 뭘 봐? 그러니까 뭐가 제일 먼저 눈에 들어와?" "형식. 화자의 말하기 방식. 특별함." "시적 화자가 산문의 화자, 좁혀서 소설의 화자와 어떻게 달라? 나는 시를 잘 몰라서 설명이 필요해." "시에서 화자는 통일성이 없어도 돼." 나는 점점 모르겠는 기분이 든다. "레이어를 많이 만들어도 된다는 말이야. 그런데 소설도 시적으로 쓰면 그럴 수 있어. 나는 무조건 차이가 있다고 생각하진 않아. 시에는 일인칭 화자가 엄청 많은데 그러다 보니 일인칭 화자가 어떻게 말하느냐가 시의 형식이라고 봐." "나한테는 시라는 형식 자체가 언어 너머의 시인을 상정하지 않으면 안 되는 느낌이 강해. 꼭 그런 건 아니겠지만." "나는 실제로 시적 화자에 나를 투영하지 않는 경우가 많아." 다른 친구가 끼어든다. "넌 자의식이 너무 세." "내가 투영이 되긴 하겠지만 타자를 재현하려고 노력을 많이 해." 내가 말한다. "그러니까 그 재현마저도 소설을 읽을 때는 재현된 것 자체만 상상하는 경우가 많은데 시를 읽을 때는 재현하는 시인을 먼저 상상하게 된다고 할까." 마작 테이블 소리가 커진다. "펑!" "언니가 연장으로 끌고 가는 게 나을까, 한쪽이 너무 센데." 그 틈에 나는 다시 시인에게 질문한다. "비문학 중에 최근 재밌게 읽은 책이 뭐죠?" "『브뤼노 라투르 마지막 대화』." "그럼 주로 언제 책을 읽으시나요? 아침에? 저녁에?" "그건 대중없어. 요즘에는 아카이브라는 폴더를 만들어서 생각한 걸 메모하면서 읽거든. 그래서 앉아서 읽는 경우가 많고 그렇게 하기 싫은 건 전자책으로 읽어." "넌 노트 앱 같은 거 안 써? 플렉슬이나 굿노트." "스크리브너 써. 근데 이거 왜 하는 거야?" "나 원고 써야 돼." "옛날 시인들 중에 실은 자의식 과잉이었던 경우들이 많은데 비평가들이 그들의 인간적인 실패를 신자유주의의 실패라고 말해줬잖아. 난 그걸 보면서 자의식 과잉에서 좀 벗어나고 싶다는 생각을 했어. 그리고 2000년대 들어와서 어떤 시들을 보면서 느낀 건 상상력이 형이상학적인 것이었을 때 거짓이 될 가능성이 너무 크다는 거야. 그래서 읽기를 할 때도 자의식 과잉을 감수하려면 혹은 피하려면 어떻게 해야 하는지를 많이 보려고 해. 아까도 얘기했지만 시는 시인이 다 주관한다는 뉘앙스가 있으니까 그걸 피하거나 혹은 주관하더라도 우리가 스피박의 『읽기』를 읽었을 때도 얘기 나왔던 것처럼 타자를 재현하는 방식으로 하려면 어떤 노력을 해야 할까, 이런 걸 고민하는 거지." 그리고 우리는 한동안 불만스러운 책들에 대해 이야기를 나눈다. "나는 살아 있는 사람들 책에는 무조건 별 다섯 개만 줘." 나는 웃음을 터뜨리고 만다. "농담인데 애초에 5점 이상이 아닌 책에는 별점 평가를 남기지도 않아." 그가 한마디 덧붙인다. "내가 뭔가 읽을 때 가장 기대하는 건 말 실수하는 거, 작가가 저도 모르게 통제력을 잃는 순간이야. 그런 순간을 계속 기다려. 없애려고 했는데 못 없앤 부분들. 그게 너무 진솔한 부분이라 생각해. 근데 고양이랑 사니까 책을 진짜 많이 읽어야 될 것 같아. 어디를 못 가니까." "너무 좋다." 포장 작업에 열중하면서도 우리 대화를 듣고 있던 판화가가 말한다. "둘이 뽀또케스토 한 번 해봐요." "뽀또케스토? 팟캐스트?" "응. 나는 이제 영어를 한국 사람처럼 발음하려고 노력 안 한다. 그냥 일본 사람처럼 할 거다!" 우리는 와하하 웃는다.

감사의 말

감사의 말이라니, 처음 써보는 것 같다. 이 책을 작업하는 동안 많은 분들의 도움을 받았기에 당연하게도 순식간에 쓸 수 있을 줄 알았다. 하지만 지금 한 시간째 화면을 바라보고만 있다. 그래도 시작해야겠다.

    이 책은 대니 샤피로의 『계속 읽기: 나의 단어로』에서 시작되었다. 역자 후기에서 나는 글쓰기에 지친 우리는 언제든 독자로 돌아가면 된다고, 작가와 독자 둘 중 하나만을 선택해야 한다면 당연히 독자를 택하는 편이 행복할 것이라고 썼다. 이 생각은 지금도 마찬가지다. 많은 경우에 읽기는 쓰기보다 큰 행복감과 성취감을 안겨준다. 그러다 편집자의 제안으로 읽기에 대한 책을 쓰게 되었고, 쓰는 과정도 물론 즐거웠지만, 원고 작업을 하기 위해 자주 펼쳐볼 수밖에 없었던 책들을 뒤적거리다 어느덧 읽기에 몰입해 있는 나 자신을 자주 발견했다. 그러므로 결론은 역시 읽기가 쓰기보다 재미있다는 것이다. 반은 농담이고 반은 진담이다. 실은 나는 나를 구성하는 수많은 요소들 중에서 독자라는 정체성을 가장 소중하게 여긴다. 때로는 읽다 말고, 때로는 아예 안 읽기도 하지만, 책을 읽고 가능하다면 다른 독자들과 이야기를 나누는 시간보다 소중한 건 별로 없을 것이다.

    자, 이제 감사한 분들을 호명할 때다. 2025 서울국제도서전에 맞춰 출간하는 것을 목표로 한 빠듯한 일정이라 작업이 진척되는 대로 완료된 원고를 편집자와 주고받았고, 파란색이나 분홍색으로 적힌 편집자 의견에 크고 작은 도움을 받았다. 실시간으로 책과 읽기에 대한 대화를 나누고 있다는 생각이 들기도 했다. 솔직하고 꼼꼼하고 다정하게 의견을 주신 서성진 편집자께 감사드린다.

    「인터뷰」꼭지에서 많은 친구들이 다양한 의견을 말해주었다. 김승일, 김하늬, 김한아, 박이현, 원상희, 이우정, 임오정, 최원석, 히로카와 다케시에게 감사의 말을 전한다. 포장 작업까지 진행되어 여느 때보다 복작복작했던 작업실 안을 돌아다니며 예쁨과 귀여움을 전파했던 강아지 메밀이에게도 고마운 마음이다. (이렇게 쓰고 있으니 영미권 서적에서 흔히 볼 수 있는 감사의 말들을 흉내 내고 있는 것 같아 웃기고 재밌다.) 인터뷰 당일에 같은 공간에 있지는 않았지만 작업실 구성원이자 독서 모임을 즐겁고 위태롭게 함께 하는 이화주, 최민하에게도 감사하다. 이 책에 직접 등장하지 않는 작업실 구성원들과 글쓰기 수업을 함께 하는 학생들, B사 임직원들에게도 감사한 마음이다.

　이 책에서 인용된 형태로 존재하는 수많은 책들과 저자들에게도 감사하다. 특히 『계속 쓰기』는 작가로서도 독자로서도 수많은 힌트를 얻었다. 이 책에 직접 등장하지 않는 책들과 저자들에게도 당연히 감사하다. 실은 이쪽이 훨씬 숫자가 많다. 생존한 작가들에게 드리고 싶은 말: 김승일이 별점 다섯 개를 드릴 거예요. 그가 이 책에도 별점 다섯 개를 주면 좋겠다. 과욕이 아니기를 바란다.

　이제껏 여러 책에서 접해온 "감사의 말"들을 흉내 내어 썼다. 본디 쓸 생각이 크진 않았지만 「인터뷰」 꼭지에 도움을 준 친구들을 밝혀야겠다는 생각이 들기도 했고, 이 책을 존재하게 해준 편집자께 공식적(?)으로 감사를 전하고 싶기도 했다. 아무튼 그간 읽지 않았다면 쓸 수 없었을 마지막 꼭지다. 그리고 마지막. 독서로 느슨하게 연대하는 미지의 독자들에게도 미리 감사의 말씀을 드린다. 읽기는 생각보다 강력하다. 우리는 삶의 끝까지 읽을 수 있다. 내가 그렇게 살기를 바랄 뿐이다.

한유주

1982년 서울에서 태어나 2003년 『문학과사회』 신인문학상을 수상하며 등단했다. 소설집 『연대기』, 『나의 왼손은 왕, 오른손은 왕의 필경사』, 『얼음의 책』과 장편소설 『불가능한 동화』 등을 썼으며, 옮긴 책으로 『계속 쓰기』, 『상실과 발견』, 『우리 종족의 특별한 잔인함』, 『그럼에도 작가로 살겠다면』 등이 있다.

계속 읽기

기억하지 못해도

한유주 지음

초판 1쇄 인쇄	2025년 6월 5일
초판 1쇄 발행	2025년 6월 18일
ISBN	979-11-90853-68-2 (03810)

발행처	도서출판 마티
출판등록	2005년 4월 13일
등록번호	제2005-22호
발행인	정희경
편집	서성진, 조은
표지 디자인	박연미
본문 디자인	전은재

주소	서울시 마포구 잔다리로 101, 2층 (04003)
전화	02-333-3110
이메일	matibook@naver.com
홈페이지	matibooks.com
인스타그램	matibooks
엑스	x.com/matibook
페이스북	facebook.com/matibooks